啊！日本

平成年間的巨變與羈絆。

張瑞昌

目次

絆

路

（推薦序）

寫在時代的轉折點

楊永明

我與日本有著特殊的緣分，一九九九年我擔任日本交流協會研究學者、日本東京大學訪問學者，二〇〇〇年協助任教的台灣大學政治學系與日本岡崎研究所合作推動「台日安全保障對話會議」（Taipei-Tokyo Shuttle, TT Shuttle），二〇〇二年與日本慶應大學法學部東亞研究中心共同推動「台日研究論壇」（Japan-Taiwan Research Forum）。因從事台灣安全與日本研究，我在二〇〇八年獲頒「中曾根康弘獎」，是台灣第一個得到該獎者，並在二〇〇九年與日本學者川島真、清水麗、松田康博等合著，由東京大學出版《日台關係史一九四五―二〇〇八》，一直熱衷於促進台日雙方學術交流與政策對話。

由於殖民統治歷史淵源，加上戰後深厚綿密的經貿關係，台日關係是中華民國外交史中相當重要的一環。一九七二年後，雙方即便不存在正式的外交往來，但是始終維持非官方之經濟文化交流，民間的雙邊往來更是熱絡。馬總統上任後，積極推動對日工作，將台日關係界定為「特別夥伴關係」，並將二〇〇九年訂為「特別夥伴關係促進年」。二〇一〇年我國與日本簽訂十五項「台日強化交流合作備忘錄」，二〇一一年完成「台日投資保障協定」及「台日開放天空協議」，日本國會也通過「海外美術品等公開促進法」，排除了故宮文物到日本展覽的障礙，深化經濟、文化等面向之交流。同年日本東北發生強震，台灣各界熱心提供協助，更是全球捐助最多的國家，日本首相菅直人透過日本交流協會台北事務所，發表親筆署名信「感謝您的厚重情誼」，文末還下了「患難見真情」的注腳，台日關係可說是四十年來最好的狀況。

為了東亞區域穩定，馬總統於二〇一二年八月五日提出「東海和平倡議」，呼籲相關各方應自我克制，擱置爭議，以和平方式處理爭端，尋求共識，並應建立機制，合作開發東海資源。倡議提出後，在國際間得到不少迴響，日本外相玄葉光一郎更表示能體察「東海和平倡議」及其「推動綱領」的基本精神。我們十分珍惜台日關係，一方面有效捍衛主權漁權，一方面也藉由推動「東海和平倡議」，善盡我維護國際和平的義務，達成東亞永久的和平與繁榮，確保台、日人民及東亞人民的福祉。

抒發至此，不禁讓我想到瑞昌文中提及，曾向任職外務省日本友人懇訴的話語，「你們總是說台灣是日本最好的朋友，卻只能偷偷摸摸地在桌面下握個手，反觀對岸的中國，日本則是光明正大地交往」，瑞昌對我國與日本交往，如同「在暗夜中抱義而行」的形容，著實令人感觸良多。

閱讀瑞昌的文字，除了驚豔於他精闢的見解外，所描述的事件過程彷彿電影般歷歷在目的畫面，也是一種享受。以瑞昌豐富的人生經歷，將讀者拉入活脫脫的歷史時空，在熙熙攘攘的人群中找尋最真切的脈動，如同瑞昌在部落格裡的自述，此書正可呼應他二十多年的文字工作、想念的飄來晃去的青春、追尋東京羈旅的記憶，還有永不放棄的生活信念。

引述坂本龍馬告訴西鄉的殷鑑，「能捨棄自我，與敵方結合，才是真正強者」，這是超脫現實的意境，也是薩長同盟能成局、日本首次開國的歷史之鑰。且看日本如何運用智慧，面對時代的轉折點，而台灣在這歷史洪流中，又能如何找尋屬於自己的典範。

邀請您一起見證。

（本文作者為國家安全會議副祕書長）

東瀛歧路（自序）

十一月的北京，已是寒意滿城。立冬前一周飄降初雪，竟是一場暴風雪，三天之後，迎來今年的第一場冬雨，氣溫直探零下。走在王府井大街上，濕冷不斷竄身入骨，遠比融雪的季節還要叫人凍澈心扉。

記憶中，有過這樣深刻的冷冽感覺已是好幾年前了。那是在東京，同樣是入冬以來的初次降雪，讓來自南國的旅人驚喜不已，但等到綿綿冬雨跟著而來，欣喜不再，那淒風苦雨浸溼了衣鞋，又冷得刺骨、寒透心底，令走在銀座街頭的步履愈發沉重。

我來到北京，與日本外交官H君相約在建國門外大街的國貿大酒店，距離二〇〇六年在東京千代田春秋料亭的見面，已經相隔六年了。前一晚，在海淀頤和園路上的東來順涮羊肉，我會晤了共同社派駐北京的中國總局局長渡邊，上次我們在東京的啤酒館酩酊大醉，也是〇六年的晚秋，當時還有一個在海上保安廳服役的同年朋友。

H、渡邊和我三人最早相識於台北。那時，H在日本交流協會任職，渡邊是共同社台北特派員，因為台日交流、總統大選及政黨輪替等話題，讓我們彼此之間出現交集。數年後，H返回外務省進入國際情報課，渡邊也調派總社，我則先是獲聘為朝日新聞客座研究員，再應交流協會邀訪，三人在東京又交會了。

這一回，我們再度相逢於北京，那樣的人生交會宛如散布在撞球桌上五彩繽紛的色球，不斷地碰撞、停格、滑動，從台北前進東京，再由東京飛抵北京，微妙地呈現台、日、中三方錯綜複雜的互動關係。

約莫也是在二〇〇九年冬天，我對日本問題的觀察與研究，隨著民主黨上台進入一個以思考「第三次開國」為主軸的探索階段。在這場日本迎向「第三次開國」的時代考驗中，已經從暗黑中復活並且躍居世界舞台的中國，無疑是最大的變數，它快速成長的經濟實力和急劇增加的軍事力量，儼然對日本帶來難以預料的衝擊。

然而，日本對東亞睡獅的甦醒並非毫無反應，甚至可以說，位處太平洋第一島鏈之北的扶桑之島，其實從未鬆懈過他們因應中國崛起的準備。

二〇〇五年春天我離開東京前夕，朝日電視台的政治評論員加藤千洋向我提及要密切關注第五代可能接班人李克強的動向，那是我第一次聽見日本專家對「李克強」這個名字的關注，胡錦濤接任中共總書記不過兩年，日本對中國問題的研究卻已經探測到當時年僅四十九歲的遼寧省委書記。

這不僅讓我見識了日本對中國問題研究的深度，也促使我反芻台灣本身。在漫漫的歷史長河裡，中日關係始終是一道充滿變數的國際課題，而美日同盟及戰後急速變化的世界局勢，更使得因應此課題的難度遽增。相形之下，身處在兩個世界大國夾縫下的台灣，既要思考千年恩怨交織的中日關係，也要省視美國「重返亞洲」對整個東亞地區所帶來的影響，這門功課的挑戰性勢必極為巨大。

在北京旅行期間，我曾前往市郊的慕田峪爬長城，不久之前，三名日本觀光客就在慕田峪附近的野長城迷路，最後喪生在暴風雪之中。適逢中日邦交正常化四十年，日本人迷失在長城的新聞事件，竟讓我不禁聯想起當前的日本困境，那是一種猶如徘徊在歧路口的迷惑。

這樣的迷惑，源自日本這些年的巨大變化。二〇一〇年開啟平成維新，二〇一一年發生東日本大地震，二〇一二年爆發釣魚台爭議及中國各地反日示威，三年來的東瀛政局紛擾不斷、經濟持續低迷，對日本這個國家及國民而言，無論是外在形勢或內部處境，刻正都面臨狂風暴雨般的強烈襲擊。尤其是三一一福島核災的慘痛教訓，很可能促使日本走向非核家園，進而成為決定大和民族今後二十年命運的分水嶺。

本書是我在《中國時報》專欄集結成冊的第二批觀察報告，距離《現代龍馬何處尋——寫在日本第三次開國前夕》的問世，恰好相隔兩年。一如前述，這兩年的日本政局動盪不已，又有世紀浩劫降臨，我在一路書寫觀察東洋政治、社會及文化的過程中，不時頻頻回首自己生長的國度，往往也有置身歧路之迷惑。

為了忠實地呈現這一路摸索的筆耕途徑，在出版社編輯的建議下，本書有別於《現代龍馬何處尋》的編排方式，改以平成年表為界，仿日本年度漢字，區分成「變」、「絆」、「路」三大輯文，試圖呈現自平成二十二年（二〇一〇年）八月以迄平成二十四年（二〇一二年）九月為止的日本觀察心得。其中，輯一的「變」，係指二〇一〇年因延續民主黨執政對日本政治的歷史性改變；輯二的「絆」則以二〇一一年福島震災衝擊東瀛人心引發的情感牽絆為經緯；最後的輯三「路」，乃因二〇一二年的重點為日本在災後重生、政局突圍中找尋出路。

附帶一提的是，我將這兩年來的專欄輯文總結為「平成年間的巨變與羈絆」，其實有那麼一點向史學家黃仁宇《萬曆十五年》看齊之意。我並非歷史學者，然而，檢視自己在平成年間的日本觀察，卻讓我彷若有著站在歷史洪流的錯覺。那或許也是我一直在尋找的答案，就如同我在北京和北海道新聞記者佐藤的對話，她沒有因身陷反日群眾包圍的採訪險境而失去熱情，但卻為失落好幾個世代仍不知何去何從的國家前途而憂心不已。

佐藤曾透過交流在中國共產黨機關報《人民日報》研修一年，並於北京語言大學攻讀中文，她也經常來台採訪選舉新聞，深入民間取材，對台灣的政經、社會文化都頗為熟稔。在三里屯一家古典茶館裡，佐藤憂慮地說，日中三項文件（一九七二年《中日聯合聲明》、一九七八年《中日友好條約》、一九九八年《中日聯合宣言》）已經無法因應時代所需，必須再找到新的共識或聲明作為重建雙方新關係的基礎。

我想佐藤的「中國經驗」是有些感傷的，當她從失控的仇日氛圍中脫困後，那樣的感傷或許也說明了身為一個日本人的挫折感。與佐藤揮別時，她告訴我明年就要離開新聞界，因為已有一所北海道的私人大學邀她去任教，而且是繼續研究中國問題。顯然佐藤沒有被現實環境給打敗，縱使派駐北京的任期即將屆滿，她依舊可以尋覓重返中國研究的路徑。

也許，生命最終都會找到出路，如同那個外國登錄證上的國籍改正，台灣不也等了三十年。雖然站在歧路口，迷惑總是難免，徬徨也無可避免，但我知道必須冷靜、勇敢地向前行，因為路是人走出來的！

變

日本正面臨自幕末明治維新、二次大戰敗後以來「第三次開國」，這個歷史的重大轉捩點已在二〇〇九年實現的首次政黨輪替中啓動，但隨之登場的「小菅對決」，卻又使鳩山口中的「平成維新」政府陷入内戰考驗，對峙形勢一如百年多前象徵新舊時代交替的西南戰爭。

平成維新陷內戰考驗

東京都新宿車站是全世界最繁忙的鐵路車站，匯集ＪＲ、都營及民營地鐵多達十幾條線電車，每天在此進出的乘客超過三百萬人次，堪稱是日本最大的交通樞紐。九月四日下午，為爭取民主黨代表而對決的首相菅直人[1]與該黨前幹事長小澤一郎[2]，在新宿車站的西口進行首次街頭演說。

率先發言的小澤，一襲深藍西裝，配上棗紅領帶，聲嘶力竭地說：「為了落實去年眾議院選舉時對國民的競選承諾，必須確立政治主導；而我的一生是政治生活的集大成，我將肩負起政治責任，即使努力賭上政治生命的全部也在所不惜！」

緊接其後的菅直人，身穿白色棉質休閒衫、牛仔褲，捲著袖管說：「總理大臣是負責處理日本所有事務的人，而我被任命為總理後，就已對此有所覺悟。」菅直人暗諷對手地強調，有關政商勾結的問題，他銘記在心，不會忘記從政初衷，將會奮鬥到底。

小澤與菅在新宿西口的同台演出，不僅是日本民主黨的「內戰」，也是平成維新政府的「西南戰爭」。萬頭攢動的群眾，目擊了這揭開序幕的歷史時刻，小澤與菅的街頭演說，隨後陸續在大阪、札幌兩地登場，他們像兩個擂台上近身搏鬥的拳擊手，互探虛實，左右揮拳，讓底下的民眾看得熱血沸騰。

明治維新初期，返回鹿兒島的西鄉隆盛[3]，發動一場以西南武士為主體的反政府戰爭，在這場為期近八個月的戰事，與大久保利通[4]因「征韓論」而決裂下野的西鄉，雖深受士族愛戴，被推舉以「清君側」之名起兵，但面對裝備精良的政府軍，薩摩軍儘管沙場經驗豐富，最終還是落敗，並且以介錯（由部屬別府為西鄉砍頭）的悲劇收場。

西鄉隆盛是倒幕運動的領導核心，他與大久保利通、木戶孝允並稱「維新三傑」，據

---

1. 菅直人（一九四六—），日本前內閣總理大臣（首相），已於二〇一一年八月二十六日辭職下台。
2. 小澤一郎（一九四二—），前民主黨幹事長、民主黨代表，二〇一二年七月十一日自組「國民生活第一黨」，並為該黨黨魁。
3. 西鄉隆盛（一八二八—一八七七），原薩摩藩武士，主張「尊王攘夷」，明治維新後曾任陸軍大將和近衛都督。倡議征韓、征台未果，被迫以清君側為名，發起西南戰爭。
4. 大久保利通（一八三〇—一八七八），原薩摩藩武士，明治維新後出任內閣參議，反對對外征戰，被視為害死西鄉的元凶。

說，電影《末代武士》中由影星渡邊謙飾演的武士勝元，即是以西鄉隆盛為原型。對於領軍叛亂戰死的西鄉，民間從未減損對他的同情與喜愛，十年後，明治天皇赦免西鄉的罪狀並恢復他的朝廷官階；再過十年，一個牽著薩摩犬、手握腰間佩刀的西鄉隆盛塑像，在東京上野恩賜公園落成。

西南戰爭被視為日本最後的一場內戰，此後武士勢力沒落，地方主權跟著式微。作風強悍的小澤一郎，也和熱情豪爽、重義輕利的西鄉隆盛相同，決定起兵挑戰「平成維新」的新政府。在國會席次上，他擁有黨內最大派閥「一心會」（即小澤派、約一百三十人）支持，如果連同表態力挺的「實踐會」（鳩山派[5]、五十六人）和羽田派（約二十一人），兩者合計近二百零七席，超過民主黨四百一十二席參眾議員的半數。對六十八歲的小澤而言，在來日不多且國會席次占有優勢的前提下，這場選戰將是他奪取天下的最後一戰。

相形之下，菅直人集結的反小澤勢力，包括他自己的派系（約五十人）、國土交通大臣前原誠司[6]所屬的「凌雲會」（約四十人）、財務大臣野田佳彥[7]領導的「花齊會」（約

5. 鳩山派，以前首相鳩山由紀夫為首的民主黨派系。
6. 前原誠司（一九六二—），民主黨政治人物，菅直人組閣時曾任國土交通大臣、外務大臣。
7. 野田佳彥（一九五七—），民主黨政治人物，菅直人組閣時的財務大臣，二〇一一年九月二日成為日本第九十五代內閣總理大臣。

豎立在鹿兒島街區的西鄉隆盛銅像。

三十人）頂多也不過一百二十人，尚不及小澤派單一派閥實力，即使再加上外務大臣岡田克也[8]，以及超人氣的行政革新大臣蓮舫[9]，亦難以抗衡。

然而，所幸黨魁之爭除了國會議員投票，還有一百張地方議員票及三百張黨員黨友票，這部分投票動向迄今渾沌不明，情勢未必是一面倒。表面上，小澤似乎站在有利位置，但其他未表態的「新政局懇談會（原社會黨）」及「民社協會（原民社黨）」各有三十席，以及不隸屬任何派系的地方民代，他們都會觀察民意，看輿論動向而定，換言之，掌握勝負關鍵的是在沒有投票權的輿論身上。

小澤、菅直人及鳩山由紀夫原本是帶領民主黨的三巨頭，詎料背負政治資金醜聞的小澤一郎執意出馬，企圖與菅直人一較高下，讓民主黨瀕臨分裂危機。有人認為，無論勝敗如何，這都將是日本政界重組的契機。倘若是小澤獲勝，必然會有導致以反金權政治自詡的改革派出走；假使是菅直人連任，那麼小澤派是否甘心雌伏，以及菅內閣如何因應民主黨「眾大參小」的扭曲國會？皆是難題。

日本正面臨自幕末明治維新、二次大戰敗後以來「第三次開國」，這個歷史的重大轉捩點已在去年實現的首次政黨輪替中啟動，但隨之登場的「小菅對決」，卻又使鳩山口中的「平成維新」政府陷入內戰考驗，對峙形勢一如百年多前象徵新舊時代交替的西南戰爭。

「小菅對決」是民主黨的西南戰爭，以「鐵腕」著稱的小澤和靠「清廉」起家的菅直人，在政治權力頂峰上，兩人終需一戰，與十九世紀不同的是，這場現代版的西南戰爭，七天之後即可見分曉。

二〇一〇年九月七日

8. 岡田克也（一九五三—），民主黨政治人物，曾七次當選眾議院議員，二〇一二年一月十三日接任內閣副總理。
9. 村田蓮舫（一九六七—），民主黨政治人物（台裔），曾任記者和電視節目主持人，現任日本參議員。日本三一一地震後，曾任行政革新大臣，二〇一二年一月十三日遭撤換。

片山善博　在矛盾中前進

改革的道路往往不是直線進行，而是要彎曲前進，過程迂迴，路徑曲折。

日本首相菅直人的「改造內閣」，這次任用片山善博[1]、前原誠司兩位「看板大臣」，他們都是旗幟鮮明的改革派，以魄力、敢言著稱，對現有政策採取批判，被外界擔憂是否與民主黨方針相互矛盾。

但，成功地連任黨魁的菅直人，展現了以壓倒性票數擊敗「破壞王」小澤一郎的革新氣魄，不僅新內閣人事「去小澤化」，甚至大膽拔擢人才，除了外交立場鷹派的前原之外，來自民間的片山，也首度入閣，他們都被放在極為關鍵的戰略位置，為務實改革做了示範。

五十九歲的片山善博，從東京大學法學部畢業後，隨即進入政府部門任職，先後待過國稅廳、國土廳、自治省及鳥取縣，基層歷練完整。一九九八年底，片山從自治省退職，揮別二十多年的公務員生涯，投入隔年四月的鳥取縣知事選舉，並順利當選，四年後因政績卓著，竟無人出馬挑戰，繼一九八二年滋賀縣知事武村正義之後，再次寫下不投票而當選連任的紀錄。

片山在知事任內勵精圖治，與宮城縣知事淺野史郎、岩手縣知事增田寬也二人因同具官僚背景，且治理有成，並稱為「改革派知事」。二〇〇四年七月，在《讀賣新聞》進行的全國民意調查中，片山獲得七十八%的高支持率，為全國地方首長第一名，人氣聲望飆升。

然而，頗得民心的片山善博，卻在二〇〇六年底表明引退之意，〇七年他兌現承諾，轉任慶應義塾大學、鳥取大學任教，同時也轉為對政局時事抒發己見的評論家。直到這回菅直人從民間借將，被視為改革派旗手的片山，入主總務省（即自治省、郵政省、總務廳合併），轄下五千多人，掌管每年高達十六兆七千五百億日圓的省預算。

去年眾議院選舉，片山扮演為民主黨獻策的智囊角色；政黨輪替後，則搖身一變，經常撰文批評民主黨執政。不過，九月十七日在首相官邸記者會上，這位自治省官僚出身的新科

---

1. 片山善博（一九五一—），日本政治人物，無黨籍，曾任菅直人內閣總務大臣。

總務大臣，卻出現明顯轉變，他表示：「沒有理想難有作為，但做任何事也要踏實前進。」

對照片山卸任前，他評價自己的改革手腕，「與就任當初相比，我確實過度理解。」當時宣布不再出馬的片山，言下之意是他對處理縣議會的異議太過樂觀。這種務實看待改革的反省態度，也體現在這次職務調整的應對上，媒體關切中央和地方協議法制化的問題，片山的回答耐人尋味，他說：「我不想說些顯露自己任性的話。」

片山是需要頭腦冷靜地面對新職挑戰，因為地域主權改革、郵政民營化及公務員總人事費削減二成，這都是非常棘手的課題。他不能再像以往搖著筆桿，動輒對時政大放厥詞，不能再出現「被國民新黨拖累」這類抨擊聯合執政夥伴的言論。

換言之，片山要懂得切割，不能再沽名釣譽，而且做為一個閣員，他的戰場就在國會，未來那種艱困答辯的處境是可以預見的。

與片山對立的全國知事會會長麻生渡，對他冷嘲熱諷，這位同樣官僚出身、當了十五年福岡縣知事的元老政治家，立刻召開記者會，以唱衰後輩的口吻說：「如果和評論家時代有所不同，那做個閣員也無法大展身手吧！」

片山要面對的還有廢止事務次官的難題，這是民主黨政權的主張，但此刻他也只能重新評估。一般政界觀察，菅的「改造內閣」終究會逐漸打造出有片山特色的政策思維。有時候，這或許就是一種「務實主義」的體現，不盡然是屁股決定腦袋的簡化論述。

片山善博與台灣頗有淵源，二〇〇〇年四月他首度訪台，當時對九二一地震之後台灣人民同心協力、攜手參與重建工作，留下深刻印象。返國後，那年十月鳥取縣也發生地震，規模七點三，最大震度六，造成一百八十二人受傷。從此，鳥取縣和台中縣之間，無論民間或官方在地震知識、農業交流頻繁，往來密切。

鳥取縣是日本四十七個都道府縣中人口最少的縣，僅六十萬人，但卻是暢銷漫畫的搖籃，青山剛昌的《名偵探柯南》和水木茂的《鬼太郎》都是誕生於此，而且拜作者故鄉之賜，這裡也成為找尋米花市（少年柯南居住城市）和妖怪故事的旅遊勝地，搭乘繪有柯南、鬼太郎漫畫肖像的火車造訪鳥取縣，已是粉絲們所著迷的鐵道之旅。

小縣令坐上總務大臣的位子，「改革派知事」能否如其所言，心無懸念地踏實前進，可能還需要聽其言、觀其行。倒是眾人之黨代表渡邊喜美[2]，老早就預言片山會適應不良，他拐彎抹角地說：「片山先生是有骨氣的人，他不是也對民主黨政權挺厭煩的嗎！」或許，像渡邊這樣的人，也是在等待一條彎曲的道路吧！

二〇一〇年九月二十一日

2. 渡邊喜美（一九五二—），日本政治人物，二〇〇九年組建眾人之黨，曾任安倍內閣（自民黨）行政革新大臣。

釣魚台　小浪轉大浪

早上九點多，韓醫師的一通電話，讓我從睡夢中醒來。「張先生，你有衛星電視嗎？現在NHK正在轉播國會質詢，民主黨眾議員針對釋放中國船長的爭議，批評首相菅直人的處理有問題。」中日釣魚台撞船事件因沖繩檢方放人而峰迴路轉，日本國內為此吵翻天，就連執政黨議員也不放過自家人。

「菅直人剛剛的回答，竟然說他沒看過蒐證錄影帶，我看整個事件只有官房長官仙谷由人最清楚，他在備詢時一副皮皮的樣子，說不定徹頭徹尾都是仙谷一個人在搞鬼。」韓醫師把國會的詢答場面大致描述了一下，「你如果有認識負責日本政情的外交部官員，不妨提醒他們，趕緊去看這段國會質詢。」我跟著點頭稱是，一個曾經旅日的台灣歐吉桑，他的熱心，令人感動。

六十四歲的仙谷由人，是民主黨內閣中六連任的資深眾議員，與外務大臣前原誠司、前民主黨幹事長枝野幸男[1]同屬清雲會。律師出身的仙谷，就讀東京大學法學部時，曾參與六〇年代的學運（全共鬥[2]組織），初入政壇也是從社會黨開始，無論是學生時代或從政背景，這位現任清雲會會長都稱得上是典型的左派分子。

然而，這回在釋放中國船長一事上，左翼仙谷的發言是否進退失據，以及有無在關鍵時刻發揮決策角色，卻飽受外界的質疑。對於那霸地方檢察廳的放人決定，仙谷當天除了表示「理解」之外，也否認有施壓要求釋放的指示。但人們關切的是，當檢方宣稱放人是為了「考慮到對日本國民的影響，以及今後的中日關係」，誰還會相信仙谷那套行禮如儀的外交辭令呢？

事實上，仙谷沒有說的真相，應是日本當時處於「政治真空」狀態，民主黨忙著進行黨魁選舉，根本無暇顧及釣魚台的老問題。但北京卻藉此展現實力，而且是透過逼迫宿敵退讓的模式，以樹立一個在捍衛主權、保護資源上絕不退縮的榜樣。這不僅讓日本顯得「前

1. 枝野幸男（一九六四—），日本民主黨政治人物，曾任菅直人內閣官房長官，後為野田內閣經濟產業大臣。
2. 全共鬥，「全學共鬥會議」的簡稱。一九六八年起，日本各大學出現學生組織發起的鬥爭浪潮，學生罷課、占領學校，東京都內一度有五十五所大學遭封鎖。

倨後恭」，也連帶使菅直人才剛完成的「改造內閣」一起步就充滿挑戰。

十月一日，首相菅直人在國會發表施政演說，向中國展現兩手策略，一方面他質疑中國在撞船事件後對日本的批評不斷升高，另一方面則強調日中關係的重要性，他甚至以「兩國一衣帶水，互為重要鄰國」向北京溫情喊話。菅直人雖然看似腹背受敵，但他也借力推力、軟硬兼施，包括派小澤一郎的親信、民主黨前幹事長代理細野豪志[3]，於九月底以特使身分攜親筆信函赴北京。

日本媒體咸認，撞船事件凸顯民主黨當權派欠缺熟悉中國的外交渠道，但中國的日本問題專家卻不這麼認為，有學者分析真正獲益者是日本。根據其論點，北京對日施壓的目的在於對日美關係進行探底，美國前副國務卿阿米塔吉認定中方的高調應是看到民主黨上台後日美關係的疏離，因而盤算對日施壓，美國必然不會插手。

不過，日本既沒有在釣魚台主權上鬆口，美國國務卿希拉蕊還因此對釣魚台適用《美日安保條例》第五條明確表態。已經啟程前往比利時布魯賽爾的首相菅直人，更打算在亞歐會議中「認真說明日本的立場」，他甚且直言，沒有要和中國國務院總理溫家寶見面的計畫。

主張日本在這場釣魚台風雲中獲利的說法，還抬出一套陰謀論，指外相前原誠司是親美派，犧牲中日關係換來日美關係變得更好一點，那應是符合前原一貫立場，如果還能喚醒沖繩人的危機意識，更好。屆時，對自衛隊而言，在移防西南諸島的防衛政策下，將可以順理成章地陸續到位。

換言之，倘若因為這次釣魚台紛爭而強化日美安保同盟，一併解決沖繩長期以來排斥美軍進駐的問題，以及凝聚對中國軍事威脅的共識，無疑是一舉數得。

平心而論，我並不清楚菅直人、前原等人是否真的如此老謀深算，能夠將撞船事件操作得如此細膩，把危機化為轉機。我明瞭，外交既需要藝術，卻也藏著許多騙術，有時候得坦誠以對，但更多時候則是虛情假意。

釣魚台撞船事件後續效應，宛如是漁業氣象預報中常聽見的台詞，譬如，一般電台是如此放送：「釣魚台海面，東北風，陣風九級，浪高三至四公尺，大浪，陰時多雲局部雨。」心裡自忖，是啊！現在的釣魚台海面，可是小浪轉大浪了。

我撥了一通電話給亞東關係協會的朋友，想告訴他，最新的釣魚台氣象預報，誰知道許久沒連絡，他已經調升東京的駐日代表處。看來，他老早就在海面上作業了。

二〇一〇年十月五日

---

3. 細野豪志（一九七一—），日本民主黨政治人物，少壯派代表，野田內閣核災事故兼環境大臣。

手帕王子終於登板了

十月二十八日，在東京港區舉辦的日本職棒年度選秀會上，籤運極佳的日本火腿隊，取得齋藤佑樹的單獨交涉權，球團社長藤井順一笑容滿面、監督梨田昌孝喜不自勝。早稻田大學廣報室代齋藤發表致謝之詞，「在眾多球團的高度評價中，能獲得日本火腿的指名，內心由衷的感謝。」

日職對這位超人氣的早大名投已等待多時，四年前從甲子園席捲全日本的「手帕王子」，終於要在野球的最高殿堂登板了。火腿隊的大本營北海道歡欣不已，在札幌東區商店街，六十五歲的日本火腿應援會會長加賀谷熙，甚至以「宛如迎來一個春天」形容選秀狀元的加盟。

二〇〇六年秋天，我在參訪日本國立體育科學中心時，一位解說員特別針對運動電療復健等相關設施，像是在介紹大明星一般地提醒我說，「齋藤佑樹常來做復健，就躺在這個位置上。」她面帶微笑，彷彿是在誇耀偶像也會到我家來吃晚餐。回飯店後，打開電視機，我才見識到已風靡一整個夏天的「手帕王子」現象。

那一年的甲子園夏季大賽，挑戰三連霸的駒大苫小牧高校，遭遇到首次打進冠軍戰的「棒球名門」早稻田實業高校。雙方鏖戰十五局還分不出勝負，早實王牌齋藤佑樹投了一七八球、送出十六次三振，苫小牧主帥田中將大（現為東北樂天強投）也投了一六五球，仍以一比一平手作收。翌日，兩校依規定加賽一場，齋藤繼續先發，田中在先發僅撐三分之二局失分後上場接手，形同齋藤與田中的二度對壘。

結果，早稻田實高以四比三險勝駒大苫小牧，贏得校史上首座夏季甲子園冠軍，連續兩天出場、投了二十四局的齋藤佑樹，在最後還飆出超過一四七公里的快速球，以一記再見三振讓主力打者田中將大飲恨。一場又一場精采絕倫的熱血對決，讓齋藤名留甲子園，六天內完投五場，以連投六十九局、七十六次奪三振及九四八球，打破三澤高校太田幸司在一九六九年連投六十四局的甲子園紀錄。

每年甲子園高校聯賽都是日本人的棒球盛事，NHK當時實況轉播齋藤與田中對決的比賽，收視率高到令人嘆為觀止，根據統計，關東地區二九．一％，札幌地區飆至四三．二％，兩地瞬間收視率分別是三成七和五成。

來自王貞治母校的齋藤佑樹，不像多數球員一樣習慣用衣袖擦汗，站在投手丘的他，總是從球褲口袋掏出一條摺疊方正的水藍色手帕拭汗，這個有如好寶寶的動作，竟讓許多女性粉絲為之瘋狂，進而掀起一股尋找「幸福藍色手帕」的追星潮。從此以後，「手帕王子」之名不脛而走，手帕製造商恢復已經停產的產品，齋藤更因擁有龐大主婦球迷而被形容是「新師奶殺手」。

那年夏天，「手帕王子」從甲子園返回東京，受到近乎萬人空巷的熱情歡迎，人氣遠勝當紅的韓國男星裴勇俊。女性球迷愛屋及烏，就連齋藤喜歡看的書《野球食》也因搶購一空而出現再版。我目睹這些動人畫面，深刻地感受日本的棒球文化，那不只是齋藤和田中的熱血青春，還有一種難以言喻的野球經驗，那是一個紅土綠草與二縫線、白樺木交錯的棒球國度。

以齋藤佑樹為首的新世代強投，在這次日職選秀會大放光明。早稻田大學的本格派[1]右投大石達也，獲得日職半數、六個球團的第一指名，最後由西武監督渡邊久信抽中，這是繼去年超級新人菊池雄星之後，西武再度受到幸運之神的眷顧。另一個球速高達一五七公里的中央大學澤村拓一，則與第一輪單獨指名他的讀賣巨人一拍即合。

早大三巨投之一的福井優也被廣島鯉魚隊相中，佛教大的大野雄大則加盟中日龍隊，他們都是「齋藤．田中世代」或所謂的「手帕世代」，那是「平成怪物」松坂大輔之後陣容最整齊的一個棒球世代，而且無獨有偶地，都是球速動輒上看一五〇公里的強投豪腕。

人才輩出的日職，其實憑藉的是從甲子園扎根的渾厚基礎，每年全日本參加夏季大賽的青棒球隊（從地區選拔賽開始）總計約有四千支，每支球隊以主力球員十個人初估，若連同自己在內，至少影響爸媽、同學及親友等三個人計算，每年將有十二萬人以上的死忠球迷，《朝日新聞》僅各區賽事成績表的刊載，就要占掉一個版。可以想見，透過世代傳承，他們熱愛棒球的程度，必然是深入到日常生活、內化至生命底層。

對日本人而言，甲子園是社會成長的集體記憶，有年復一年的生命累積，也有日復一日的生活經驗。就像十八歲的「手帕王子」所掀起的流行風潮，世人不會忘記二〇〇六年的流行語大賞，那個曾被熱烈討論的甲子園男孩。

如今，相隔四年，他終於在「早慶之戰」前夕加盟職棒，迎接他的還是昔日甲子園決賽的死敵北海道。那條水藍色的手帕，也緩緩地從人們的記憶中飄揚而來。

二〇一〇年十一月二日

---

1. 本格派，意指最正統的投球風格，通常是以速球為主，利用變化球混淆打者的投手。

洩密者的義理與背叛

自從釣魚台中日撞船事件影像外洩發生以來，日本海上保安廳就陷入一種兩難之境。根據東京警視廳的調查，將錄影帶上傳至YouTube網站的洩密者，確實是一名神戶海上保安部的海上保安官，警方以違反國家公務員法中的保密義務規定為由進行搜查，在他服役的巡邏艇上發現影像被下載的痕跡。

但日本輿論卻對此事抱持著迴異於官方的態度，「共同社」所作的民意調查顯示，有高達八成八的受訪者認為，政府應當公開撞船事件的影片；當然也有超過八成的民眾主張，撞船事件影像並不屬於「國家機密」。

位在神戶的海上保安部及第五區海上保安總部，陸續湧進為洩密者求情的電話與電子郵件，要求「不要再追查」或「不要逮捕人」。換言之，聲援的民眾呼應媒體民調，意味著民意支持公布發生在釣魚台海域的撞船「真相」，而且反對以「國家機密」作為不能公布的藉口。

右翼的東京都知事石原慎太郎[1]因此站出來，力挺上傳影像的保安官，他召開記者會痛批民主黨政府，「賣國內閣有資格處罰嗎？無能至此，簡直快讓人看不下去了！」石原還抬出一套理由說：「就算是機密，也要公布。如果是故意洩漏，那真是志向崇高的舉動，因為動機是愛國的。我想國人也是這麼認為。」

媒體一向善於觀風向，新聞報導不僅順藤摸瓜，碰到愛國主義，也不免政治正確跟著煽風點火，這使得海上保安廳成了夾心餅乾，儘管依法辦人是一定要的，但要怎麼辦，卻是一個燙手山芋。

在此之前，內閣官房長官仙谷由人才宣示日本政府將嚴肅處理的立場，他說：「撞船影片若是公務員外洩，那是明顯違反公務員法的行為。」然而，當初將影帶外流的四十三歲保安官，其實就是將矛頭指向仙谷，朝日電視台解讀他在上傳的影像檔案署名「左派仙谷」，即是在嘲諷仙谷的左派背景。

由於仙谷由人在學生時代曾參加安保鬥爭，那時他就讀東京大學法律系，是新左派團體「全共鬥」的活躍分子，在東大安田講堂激烈的攻防戰中，曾扮演關鍵的救援角色。因此，當洩密的海上保安官刻意在外流的撞船事件影像裡，留下「sengoku38」（按38是

saha，發音與左派相同）的ＩＤ，應有暗示仙谷是立場親中的左派同路人之意。

洩密者有無在檔案中暗藏這樣的政治密碼，或許只有當事人明瞭，但經過媒體喧騰之後，卻成了勇於揭發真相的「愛國志士」。

東京警視廳在明察暗訪之下，大致勾勒出他的洩密過程，事實上他並非撞船事件爆發當天的巡邏艦艇隊員，而是從石垣送往海上保安大學存檔的共享文件中，經由搜尋意外地發現該筆影像資料，隨後再以隨身碟下載，並轉拷至私人電腦。

十一月四日，他利用休息時間前往神戶市區的網咖，逕自上傳知名的視頻網站YouTube，進而掀起軒然大波。

翌日，此事經由媒體報導後，洩密的保安官立刻將影像從電腦中刪除，但凡走過必留下足跡，警方循線追查，最終還是找到他家裡，雖然他已主動投案，並向警方做了交代。

據說，一名讀賣電視台的記者，曾在「逮捕」前搶先訪問了這位洩密者，而他義正詞嚴地說：「把這捲錄影帶保密是對的嗎？假如他不這麼做（外流），那麼這段事實就會從黑暗中來，又回到黑暗去，最終消失得無影無蹤。」他向記者宣稱：「國民應該有權利看到這段影像。」

洩密的保安官高舉「道德勇氣」之旗，迫使日本檢方不敢對他實施真正的逮捕，只能持續地進行偵查。持平而論，這是以義理凌駕法治的盤算，洩漏釣魚台衝突影像的海上保安官，將自己當作揭發黑幕的正義使者，即使違法也在所不惜。

講究義理是日本的武士精神之一，洩密者不無以此自居之意，尤其是面對攸關國家重大利益的撞船事件，他用不能讓真相就此塵封在黑暗之中，強化自己違抗法令的正當性。某種程度而言，雖然他背叛了官僚體制，但卻贏得人民支持。

然而，如此一來，民主黨原本計劃將中國漁船衝撞海上保安艦艇的影帶當作王牌，作為與中方交涉時的籌碼，已顯得毫無意義。洩密者基於一時義憤的舉動，究竟是讓世人見證了所謂的「真相」，還是為執政當局的外交折衝帶來「困擾」？恐怕還有得辯證。

就像幕府末年的脫藩武士，在效忠藩主和追尋日本之間，最終還是要做出抉擇。只不過很多脫藩武士，往往當不成志士，而淪為一事無成的社會浪人，甚至提前在殘酷的政治鬥爭中做了無名烈士。

二〇一〇年十一月十六日

---

1. 石原慎太郎（一九三二—），日本著名保守派政治人物，一九九九年就任東京都知事至二〇一二年十月辭職，籌組新黨。亦為小說家、畫家。

問責聲中的菅內閣

日本參議院上周以多數決通過自民黨等在野提出的問責決議案，讓首相菅直人面臨內閣改組的壓力，包括他的得力助手內閣——官房長官仙谷由人，以及國土交通大臣馬淵澄夫[1]，雙雙名列參議院問責之榜，依慣例，兩人請辭下台負責，勢難避免。

但菅直人並不想買單，整個民主黨也不願理會。這是日本習以為常的政黨鬥爭，導火線是源自前一陣子鬧得舉國沸沸揚揚的釣魚台日中撞船事件，當時對外發言漫不經心的仙谷由人，首當其衝；與事件有權責關係的國土交通大臣馬淵澄夫，則緊跟其後。

領銜提出問責的自民黨黨魁谷垣禎一[2]，批評民主黨政府在撞船事件中的應對不力，身為官房長官的仙谷，對基本的國家利益做出錯誤的判斷。渡邊喜美領軍的眾人之黨，也在同一天向參院送交問責決議案。在野黨競相鎖定首相的「賢內助」，表明就是要斷其左右臂，但民主黨參院議員會長輿石東卻擺出不以為然的態度。

七十三歲的輿石東是民主黨參院領袖，曾在勸退鳩山由紀夫離開首相職位的戰爭中率先開第一槍，這位黨內元老強硬地表示，即使通過問責決議案，仙谷等人也不必辭職，他反問：「這裡頭有值得問責的事情嗎？」

所謂「問責」其實就是究責，亦即責任的追究，這是一個民主法治政府重要的制度運作，也是日本政治中「非常態性的戰略武器」。然而，國會通過追究政治責任的決議案，一般來說只能做道德性的訴求，並無其法律的拘束力，換言之，如果當事人死皮賴臉，理論上很有可能躲過殺傷力不大的問責決議案。

問題是，這種可能性或許出現在台灣的機率比較大，但在日本，首相及閣員因國會問責而下台，卻幾乎沒有例外。二次戰後的參議院，僅通過三次問責決議案，第一次是一九九八年十月，防衛廳長官額賀福志郎因隱藏內部瀆職案的證據，被追究監督不力；第二次是二〇〇八年六月，在野黨占多數的參院，以反恐、經濟不振及央行人事延宕等理由，對首相福田康夫[3]進行問責決議。

1. 馬淵澄夫（一九六〇—），日本民主黨政治人物，歷任國土交通大臣、內閣總理大臣輔佐官等職。
2. 谷垣禎一（一九四五—），前自民黨總裁，眾議院議員，曾任國土交通大臣、財務大臣等職。
3. 福田康夫（一九三六—），前內閣總理大臣、前自民黨總裁。二〇一二年九月二十六日宣布引退。

菅直人。　（圖片提供／達志影像）

第三次是二〇〇九年七月，參議院對首相麻生太郎[4]通過問責決議案。當時的自民黨已是風中殘燭，儘管眾議院在稍早否決在野黨發動的不信任案，讓麻生對隨後登場的參院問責決議顯得有恃無恐，但視若無睹的最後，還是得面對眾議院改選慘敗被迫交出政權的苦果。

先前兩次問責決議的結局，也是如此。額賀福志郎為了避免在野黨抗爭態勢擴大，一個月不到即請辭下台；福田康夫雖然有眾議院翌日即通過信任案與之抗衡，但在九月國會召開臨時會之前，他同樣步上宣布辭職一途。

問責和信任兩項決議的攻防，雖然是參、眾兩院分屬不同政黨下的「扭曲國會」產物，然而，因為問責掀起的政治輿論有其一定分量，使得負嵎頑抗的政客最終還是難逃黯然下台的命運。

現在的民主黨，似乎仍在重蹈相同覆轍。菅內閣的支持率不斷下滑，首相菅直人展現「千夫所指不為所動」的決心，幾天前，他和前首相鳩山由紀夫會談，據說他在會中直言「即使支持率掉到只剩下一趴，也不會辭職。」

任何一個政權的民意支持度假使跌落到這種地步，坦白講，那是不可能再厚顏無恥地撐

---

4. 麻生太郎（一九四〇—），前內閣總理大臣，任內選舉大敗，自民黨失去半世紀以來的執政地位。

下去，菅直人有太多前輩可作為借鏡，他的說法不過是死鴨子嘴硬。現實的社會輿論或民意反映，根本無法容忍一個聲望跌跌不休的內閣，否則何來政黨輪替。

鳩山由紀夫就很清楚整個局勢，他跟菅直人說：「如果失去政權更迭的意義，回到自民黨執政的時代，那是千萬要不得的事。」鳩山還特別強調「我和小澤一郎都是這麼認為。」這番話講得有點拐彎抹角，其實就是鳩山與小澤聯合對菅直人下通牒，提醒當家的不要搞砸了。

鳩山明瞭，照此態勢發展下去，眾議院很可能被迫在明年提前解散進行改選，如此一來，對民主黨政權的存續恐怕是一項打擊。因此，有關仙谷由人、馬淵澄夫兩位閣員的進退，已在民主黨內部引發議論，菅直人是否會斷臂求生，抑或決心迎戰來年的國會攻防，必然受到矚目。

菅直人目前的處境有點內外交迫，風雲詭譎的朝鮮半島局勢，已夠讓他心煩，中國因應美韓軍演匆匆宣布重啟六方會談的動作，也充滿項莊舞劍之意，而今自己的幕僚長又身陷被迫去職的泥沼，他要是沒有好好處理，落入進退失據的政治窘態，那麼另一波政黨輪替按鈕的啟動，或將在一線之間。

二〇一〇年十一月三十日

永不放棄的牽絆

東京警視廳最近宣布，關閉兩年半的秋葉原步行街，將從二〇一一年一月廿三日起逐步恢復開放，初期開放的步行區間，從千代田區的萬世橋交叉路口到外神田五丁目，大約六百公尺左右，較封閉之前短了二百公尺，開放時間則以每周日下午為限，但暫不考慮國定節日。

對東京人而言，秋葉原步行街的恢復開放是一件大事，因為那有令人不忍回首的悲傷記憶。二〇〇八年六月八日中午，廿五歲的加藤智大，開著租來的兩噸重卡車衝進人潮擁擠的徒步區，然後手持利刃在熙來攘往的街道上，瘋狂地砍人，造成七死十人受傷的重大血案。

這起隨機殺人的治安事件，不僅舉國震撼，也引起國際注目。日本向來以全球最安全的國家自豪，然而，案發當時秋葉原街頭的驚惶、混亂、恐慌及此起彼落的警笛聲、救護車聲，卻讓這個治安神話為之破滅。當場被員警制伏的加藤，冷冷地回答說：「我來秋葉原是為了殺人。因為我對這個社會已經感到厭倦了。」

秋葉原的步行街又稱為「步行者天國」，從一九七三年設立以來，就是觀光、購物的天堂，沿著中央通兩旁的電器商店以及四周的動漫館、成人情趣用品，讓人眼花撩亂。我曾在這裡找尋孩子們喜愛的Game Boy，當然也像許多到此朝聖的動漫迷一樣，發現《銀河英雄傳說》的海報，看見自己童年的影子。

然而，被視為秋葉原文化象徵的步行街，卻因為加藤的闖入而變色，短短五分鐘，繽紛熱鬧的市街被相繼躺在血泊中的無辜生命給染紅。這起殺人事件對日本社會影響甚鉅，從調查凶嫌背景、犯罪動機到遏止模仿犯罪的連鎖效應，人們除了關切經歷集體傷痛後的復原之外，還有悲劇背後的原因。

其實，加藤本身就是一個悲劇。他的弟弟向警方表示，從小他們就在非常嚴酷的環境下成長，母親雖然很愛他們，但她的教導嚴厲專制，相信唯有好教育才有好前途。譬如，有一次加藤犯了錯，媽媽將飯菜倒在地板上的報紙，竟命令他像狗一般趴在地上吃飯。

加藤的弟弟回憶說，追求完美的母親，如果發現他們的作業中有錯誤或字體太醜，就會下令要求重寫一遍。童年的受虐經驗，讓加藤從十五歲開始就出現暴力傾向，他的成績下跌，失去自信，而他最擔心的卻是失去母親的愛。

在加藤心中，家是一個不愉快甚至不存在的地方。他的留言板充滿對成長過程的忿恨，「大人總是用他們寫的作文、畫的圖畫去幫孩子得獎；而且每一篇作文都經過母親的審核，他們將我塑造成很完美的樣子，只為了向周圍的人炫耀。」高中畢業後，加藤遠離家鄉，前往大都會打工維生，他逢人就說父母離婚，避談他內心的孤寂與憤怒情緒。

行凶前的加藤智大是一名派遣社員，案發那年五月底，他服務的汽車廠盛傳要大裁員，加藤整天憂心忡忡，猜想自己也會被開除，直到六月五日清晨去上班，發現工作服失蹤，一陣氣憤咆哮後，再也沒有回到公司。經過三天的籌畫，加藤在手機留言板預告犯案，闖下震驚世人的滔天大禍。

受虐兒是日本近年來社會極為關注的問題，賺人熱淚的日劇《Mother》（松雪泰子主演），即是代表作。尤其在少子化的人口趨勢下，無論是家庭管教或校園霸凌，兒童受虐所引發的人格障礙及其可能衍生的社會問題，隨著泡沫經濟的崩解，顯得更形巨大。像加藤這樣懷抱著孤獨感又害怕被社會遺忘的人，躲藏在各個角落，他們或許是宅男，也可能是派遣工。

網路是「溺水者」加藤所仰賴的一根浮木，他在網路上寫道，「女人都在乎學歷，像我這樣沒學歷的人，當然沒機會」、「沒有夢想沒有希望，想像自己老了躲在屋子角落？」

他不時想起自己「就這樣死了倒也快活」的字眼，但叨叨絮絮的加藤，最終也反問說：「有人認為，擺脫了對網路的依賴就能獲得幸福，但若拋棄了我唯一的容身之處，我會幸福嗎？」

韓醫師上禮拜打電話給我，告知NHK正在討論一首年度熱賣的流行單曲〈絆〉，歌詞中描述受虐兒的心聲，提及即使精疲力倦、被迫分離，但此時此地，都是一種不會消失的牽絆。韓醫師認為，許多受虐孩子對父母是不棄不離的，同樣地，對於任何一個受虐孩子來說，社會也永遠不該放棄他們。

這讓我想起加藤，一個有著悲慘童年經驗的年輕人，再怎麼失敗的人生，他心底依舊渴望幸福。只是他自我孤立，在無止盡的猜忌與忿恨中走向生命的毀滅，一如湊佳苗的復仇小說《告白》裡的驚悚情節，因恐懼而喪失心智的直樹，最終竟失手殺了自己的母親。

不過，故事並不盡然都是絕望的，就像一名動漫配音員當時在部落格裡寫道：「但願我們都能從悲傷中走出來」。

兩年後的秋葉原，果真告別悲傷重新出發，人們在重返傷心地的同時，應該也不要遺忘身邊的牽絆吧！

二〇一〇年十二月十四日

雪地中的日俄歷史傷痕

平安夜前夕，首相菅直人在官邸接見二戰後被扣留於前蘇聯西伯利亞的老兵，他們若不是童山濯濯，就是白髮蒼蒼，有的還坐在輪椅上。菅直人對這些已經八十多歲的老先生們說：「當年在惡劣環境下，各位被迫從事繁重的勞役，這段歷史是無法抹去的。」

歷史是這麼記載。一九四五年八月日本戰敗，蘇聯紅軍趁機進入東北，並接收六十萬關東軍及為數可觀的日本僑民投降，據說，其中大約只有一半的人能返回日本。當時的蘇聯領導人史達林，為了彌補和德國作戰損失的勞動力，搶先一步將滿洲（中國東北）的戰俘和日本人扣留，並載運至冰天雪地的西伯利亞（及蒙古）勞改營。

大量的日僑戰俘成了史達林的人質，他們被安排從事嚴苛無人道的勞動工作，包括開採煤炭、修建鐵路、森林伐木等，由於日本戰俘服從性高且紀律嚴謹，工作效率比德國戰俘，甚至蘇聯工人、囚犯好太多了，因此在二戰中損失人力資源的蘇聯，並不太願意釋放這些日軍戰俘。

在天寒地凍的西伯利亞，宛如集中營般的勞改生活，造成許多戰俘病倒、凍死，甚至不堪折磨而自殺。對日本來說，二戰後的「西伯利亞滯留問題」是一段因戰爭而起的人間血淚史，那也是無法抹去的歷史記憶。

其實，俄羅斯的政論家也認為，史達林根本就是將戰俘視為與日本締結和約時的籌碼。尤其戰後未能在占領日本的相關事務插手，蘇聯已感到扼腕，加上日本採取「親美反蘇」的外交政策，更讓蘇聯擔憂美日聯手對抗圍堵，這些環環相扣的心結，一定程度影響了「西伯利亞扣留事件」的解決。

改編自名作家山崎豐子小說的日劇《不毛地帶》（唐澤壽明飾演），即是以這段悲慘歷史做背景，劇中所描述的戰俘故事，現實生活裡依舊尚未落幕。

二〇〇九年七月，位於莫斯科的俄羅斯國家軍事檔案館發現，二次大戰後被扣留在西伯利亞的日本戰俘、僑民，多達七十六萬人，遠超過厚生省曾預估的五十六萬人。俄方目前已同意將這些首度曝光的資料提供給日方，以協助確定被扣留人員和死亡人數。

雪地木欄杆綿延流長，像道歷史傷痕。

根據統計，前蘇聯時期客死異鄉的日本人，保守估計在五、六萬左右，從六〇年代前後陸續返國的生還者，懷抱著要連死難者那一份繼續生存下去的信念，組成「西伯利亞戰友協會」（即《不毛地帶》的朔風會）。時至今日，還在人世的被扣留者只剩七、八萬人，平均年紀約八十五歲，他們的人生早已到了尾聲。

當年淪為戰敗國後的動盪，以至於未能從滿洲安全撤退，進而被扣留在荒漠冰原，讓日本政府始終對「西伯利亞扣留事件」心存愧疚，為了彌補對被扣留者的虧欠，國會在今年夏天通過一項救濟法案，給予二戰後被扣留從事勞役的日籍戰俘、僑民，最高一百五十萬日幣的補償。

從滿洲戰犯到西伯利亞戰俘，毫無人道的長期扣留及飢寒交迫的勞改經過，使得原本就錯綜複雜的日俄關係更形惡化。冷戰結束後，前蘇聯總統戈巴契夫為此事表示哀悼之意，前俄羅斯總統葉爾辛也在訪日時道歉。相較之下，現任俄羅斯總理普丁則顯得曖昧，對這段剝削戰俘的陳年往事避而不談。

日俄之間有許多牽扯不清的歷史恩怨，從百年前的日俄戰爭、二戰後的西伯利亞扣押及北方四島[1]歸還，直到現在還是紛爭頻仍。譬如，今年十一月初，俄羅斯總統梅德維捷夫前往北方四島中的國後島視察引起日本譁然，外相前原誠司隨後搭乘海上保安廳的飛機，從上空視察北方領土。

不過，更強烈的抗議動作是召回駐俄大使河野雅治，日方甚且傳出以情報蒐集不力為由撤換河野之議。重整對俄外交工作，顯然是菅內閣的當務之急，對於被阻隔六十五年之久的北方四島，要求歸還之路迢遙，只怕是越走越遠了。

多年來，隔著根室海峽，遠眺北方四島，已成為一種儀式或傳承，無論政府或民間都「行禮如儀」。學生團體旅行，得安排一趟靠近北方領土的根室之旅，藉以激發下一代對北方領土返還運動的愛國意識；聲望直直落的菅直人，也計畫在近期內戴著寫有「歸還北方四島」的頭巾去根室，凝望日本人的歷史之痛。

那是一道道難以抹去的歷史傷痕，從白雪皚皚的西伯利亞連接到朔風冷冷的北海道。就像日劇《不毛地帶》裡描繪的悲戚畫面，一根根木頭刻著亡靈姓名，在長年飄著風雪的大地中望向南方的祖國。

原來戰爭的傷痛，一直留在倖存者的生命底層，竟至世世代代無法或忘。

二〇一〇年十二月二十八日

---

1. 北方四島，俄羅斯稱為南千島群島，即國後島、択捉島、齒舞群島和色丹島，兩國均聲稱擁有該地主權。

絆

震災、核災對日本國民信心的衝擊遠超乎預期，尤其對於經歷過安保鬥爭的所謂戰後團塊世代，恐怕會有非常複雜的感受，他們可能擔憂的是，做為一個「即使悲傷也哭不出聲音」的大和民族，這回難道真的走不過去？好幾個世代的努力，是否會埋葬在東北的廢墟裡？

等了三十年的改正

景揚從東京捎來一封電子信件，與我分享最近發生在他身邊的兩件事。對我而言，那不僅是一個台灣留學生的心情故事，也是許多旅日台灣人的遊子心聲，勾起了我在日本羈旅時的陳年記憶。

去年底，在東京大學台灣留學生的忘年會上，一位應邀與會的駐日代表處官員致詞時，提到外國人登錄證的問題，他說，日本國會已經通過，從今年起，台灣人所持的外國人登錄證，在國籍欄上的註記，將由現行的「中國台灣省」改正為「台灣」。

這位官員表示：「三十年前，我來日本留學時，就被強迫拿『中國台灣省』的外國人登錄證。三十年後，經過政府的努力，終於有了改變。」他有感而發地說：「我和大家一樣，等這一天已經等很久了！」

官員話語甫落，會場上六、七十個留學生先是靜默，無人發出聲響，然後響起掌聲，「大家只是一起靜靜地拍手，一直拍手。長期被壓抑已久的心，好像只有透過這樣長長的鼓掌，才能找到宣洩的出口。」

已經負笈日本多年的陳景揚，現在是東京大學博士候選人，他在描述這件事的同時，我的思緒回到二〇〇四年秋天。那時我剛到東京，落腳在港區人形町，依規定我必須拿著日本外務省核可的文化簽證，以及《朝日新聞》邀聘擔任客座研究員的證明文件，前往區公所辦理外國人登錄。

結果，我也跟其他人一樣，自己的國籍欄被註記為「中國台灣省」，那時頗不服氣，一出區公所立刻向陪同的報社同事抱怨，除了批評此舉矮化台灣之外，也消遣地說，「日本人常去台灣，莫非也是到中國底下的一個省？」同事尷尬地苦笑以對。但那是當時的政策，只能無奈地接受。

景揚敘述的第二件事是台灣企業捐款給東京大學。去年歲末，學校宿舍管理員跟他提及，一位東大管理部的同事透露，這幾年，東京大學財務不比從前，民主黨執政以來，政府補助東大的預算更是一直被刪減。恰巧，一家台灣企業允諾捐款二十億日幣，仿若及時雨般，讓東大財務狀況獲得喘息的機會。

對於這家挹注東京大學的台灣企業，景揚的信裡說消息還沒公開，但事實上，這應是一則舊聞。因為出手能如此大手筆，必然是要擁有相當企業規模的財團。

二〇〇三年，在當時駐日代表羅福全的牽線下，東京大學與富邦集團接觸，隔年底，東京大學總長（校長）佐佐木毅率團來台訪問，與台灣大學簽訂學術交流備忘錄，並宣告雙方成立姊妹校關係。在這場台、日兩所大學龍頭結盟的盛會上，富邦集團總裁蔡萬才夫婦獲邀以特別來賓身分與會。

二〇〇五年四月，富邦文教基金會正式捐贈東京大學設置「台灣研究講座」，預定以為期五年的時間，針對二戰前後的台灣法律制度進行研究，包括：日本統治時期下的台灣法律文化、日本統治結束後的台灣法律發展，以及台灣社會與文化等領域的關注。如果沒有錯，研究講座應該是執行到去年。

然而，富邦並不是最早贊助日本頂尖學府的企業，名校早稻田大學在二〇〇三年十月設立「台灣研究所」，背後也有台灣企業、財團捐輸的影子。那時候的日本，飽嘗泡沫經濟之苦，「世界第一」幻滅，來自台灣企業界的捐款，對刻正步上「獨立行政法人」之路的大學而言，宛如大旱望雲霓。

受邀在東京研修的那段歲月中，我深深地感受到，與逐漸興起的「中國熱」相比，日本是蒙著眼睛看台灣。一場在早大舉辦的東亞研討會，即充分印證這個政治現實，與會學者專家從中國、韓國、印尼、菲律賓、新加坡到馬來西亞，就是獨缺台灣代表。

會後，我問主辦人、早大政治經濟學教授毛里和子，這位日本學界的「中國通」卻以兩岸敏感為由，避答為何沒邀台灣的質問。但誰能料到，多年後，儘管中國問題依舊炙手可熱，然而，日本看台灣的態度，卻已隨著台海兩岸情勢的解凍，乃至東亞各國國力的消長，出現微妙的變化。

外國人登錄證的修正就是明顯的案例，那不只是一種身分的認定，也是一種國格的追尋。在景揚的來信中，我想像當時的場面，無論是留學生或派駐日本的外交官，長年以來，他們內心都深藏著一份無法言喻的鬱悶，在聽到「等這一天已經等很久」的引線被點燃之後，終於爆了開來。

那天持續不斷的掌聲，一定有人拍紅了雙手，或是噙著眼淚，喉嚨像噎著般說不出話，東京的天氣雖冷，但每個人心底卻是熱的。

東大宿舍管理員與台灣留學生之間，最後是這麼結束對話，信裡寫道：「他搖著頭跟我下了一個結論說：日本不行了！」至於留學生則感慨地說：「我從來沒有像現在那樣，清楚地感受到日本人對自己的社會失去了信心。日本到底怎麼了？」

二〇一一年一月十一日

築地市場的早春序曲

一月五日清晨，東京築地市場迎來今年第一個交易日，在新年首場拍賣中，一條產自北海道戶井、重達三百四十二公斤的黑鮪魚，以三千二百四十九萬日圓（約一千一百多萬台幣）的天價成交，平均每公斤九萬五千日圓（相當於台幣三萬二千元），創下從一九九九年開始有統計紀錄以來的歷史新高。

在此之前，黑鮪魚拍出最高價的紀錄保持者是二〇〇一年青森縣大間，當時拍出的價格是二千零二十萬日圓。事實上，青森縣的黑鮪魚一直是築地市場新春拍賣場上的霸主，連續多年拿下當年最高價，但今年卻首度將盤據黑鮪魚拍賣之冠的「指定席」拱手讓人。

戶井是位在北海道函館市與青森縣大間町之間，與大間黑鮪魚產出的漁場同屬津輕海峽，在築地市場做黑鮪魚批發好多年的大物業會會長伴忠夫說：「津輕海峽的黑鮪魚已上升到最高級，長年來這個代名詞始終是大間，希望來年還能再奪回最高價的頭銜。」

今年以最高價標下北海道戶井黑鮪魚的買主，依舊是香港、日本聯手的老少組合，他們在築地市場的黑鮪魚競拍已蟬聯三年王座。四十三歲的香港「板前壽司」連鎖店老闆鄭威濤與六十五歲的銀座高級壽司「久兵衛」取締役今田洋輔，是在二〇〇九年的拍賣戰中結下不解之緣，從此在春寒料峭的新年競拍現場上並肩作戰、所向披靡。

然而，雙方的合作之始卻是源自一場激烈的天價之爭。二〇〇八年，鄭威濤在築地市場的新年競拍中以六百零七萬日圓標下青森縣產出的黑鮪魚，那條魚重二百七十六公斤，平均每公斤二萬二千日圓，在當時已是五年來的最高價。鄭威濤此舉震撼拍賣市場，眾人議論紛紛之際，有業者直言：「竟然由香港人拿下標王，簡直不可思議！」

今田洋輔就是其中一人，這個擔任全東京最佳壽司店的歐吉桑，在〇九年鄭威濤再度帶著銀彈殺入築地時，以一種武士道的精神說：「去年最高價的黑鮪魚被外國人標走，讓日本壽司店的顏面盡失，今年無論如何都做好了虧本的打算，一定要得標才行。」

日港老少兩雄相爭之際，魯仲連適時地出現了。與「久兵衛」有著長期合作經驗的海產批發商山口幸隆，正好同時也在幫鄭威濤進貨，山口見彼此僵持不下遂心生一計，在競拍登場前一天晚上，邀請兩人到日本橋的酒吧見面，並提出「魚和錢各出一半」的折衷方案。

此議一出，正中雙方下懷，今田同意「不做無謂的競爭」，鄭威濤也認為「樹大招風」，攜手合作不失為上策。因而在翌日的競拍中，即出現兩人緊握雙手的得標場景，原本應該上演一齣日中喊價的對決戲碼，不僅以握手言和收場，日後甚至還形成一對堅強的競拍搭檔；「魚和錢平攤」的遊戲規則，也成為兩人的合作默契。

黑鮪魚向來是日本料理的高級食材，隨著生魚片和壽司逐漸風行全球，這種瀕臨危險且被限制捕撈的魚類，已變得奇貨可居。但由於老饕趨之若鶩，中國大陸等亞洲市場需求激增，使得日本人不再可能獨享這人間美味，來自香江的年輕壽司店東，和銀座老字號的壽司龍頭共同以近四十萬美元高價購買，再次印證中國海外富裕階層的消費力。

築地市場的新年鐘聲，不僅是日本經濟的指標，也是當前亞洲經濟的縮影。從潮州汕頭移民香港的鄭威濤，本來只是一名廚房學徒，後來他飄洋赴日學習料理烹飪，繼而將拉麵、壽司引回香港，少年頭家闖蕩東瀛的成功故事還被改編拍成港劇《和味濃情》。有人說，幸好是採「平分」方式，否則若是自由競拍，日本壽司同業大概乏力搶標，難以和港仔匹敵。

看著築地市場的早春序曲，讓我想起自己多年前的一個遺憾。那時我在東京研修，名聞遐邇的築地市場就緊鄰著報社，搭大江戶線在築地市場下車，出口即是《朝日新聞》。初抵東京沒多久，朝日同事就帶我去參觀這座東京大廚房，並且在場外市場享用美食。此後，築地市場理所當然地成了我經常光顧的去處。

那年歲末，我曾興致勃勃地計畫，想去一趟築地市場，親眼目睹那種比著手勢、熱絡喊價的交易畫面。但遺憾的是，我終究沒有成行。多年後，黑鮪魚不斷攀升的拍賣價格，不但體現「食品全球化」的經濟趨勢，也敲響地球「糧食危機」的鐘聲，而我依然懷抱著實現那個計畫的期待。

二〇一一年一月二十五日

闇將軍的搏命之戰

「闇將軍」小澤一郎被強制起訴的消息一傳開來，華府、北京、莫斯科等海外媒體相繼發出憂慮日本未來政局發展的聲音，首相菅直人領導的民主黨政府是否因擁、反小澤兩派的對立而走向分裂，受到美、中和俄羅斯等大國的高度關注。

其實，小澤一郎的時代早該畫下休止符了，但他像不死的百足蜈蚣，在東京地方法院以違反《政治資金規正法》共謀罪，對其涉及政治獻金做假案做出強制起訴後，展現「橫眉冷對千夫指」的倨傲姿態，表明絕不會辭去國會議員職務。

老謀深算的小澤或許料定菅直人對他無計可施，被起訴當晚，小澤立即在眾議院第一議員會館率眾召開記者會，然後貌似委屈地說：「我們沒有做任何虧心事，有一天真相終究會大白，希望無罪的判決能盡早到來！」

小澤是無辜的嗎？東京地方檢察廳特搜部圍堵「黑暗大將軍」功敗垂成，以證據不足為由決定不起訴，但根據市民團體申訴，由民間人士所組成的東京地院第五檢察審查會，卻兩度對小澤做出應予起訴的決議。最終東京地院指定的律師，也代替檢方對小澤提出強制起訴。

特搜部的司法菁英功虧一簣，但「民意」卻沒有放過老奸巨猾的權謀家。小澤帶著不以為然的語氣評價來自民間司法監督力量的追緝，他說：「這與司法調查機關本著有罪認定的起訴大不相同，因此我將會在法庭上和起訴一方進行抗爭。」

在民主黨內擁有龐大勢力的小澤一郎，顯然不願就此棄械投降。他依舊高調，對自民黨要求傳喚他到國會作證或出席眾院政治倫理審查會，表現出一副不大理睬的態度。小澤表示，對他而言，出席國會說明和法庭鬥爭孰輕孰重，「我自然會做出判斷」。

既不會請辭眾議員職務，也從沒想過要去國會作證接受羞辱，小澤擺明就是將問題丟給民主黨中央。為了是否對這位權傾一時的政治大老做出處分，黨內兩派意見僵持不下，反小澤派呼籲他自動退黨，為洗刷自己冤屈而戰；親小澤派則認為無此必要，力主團結穩定重於一切。

前首相鳩山由紀夫甚至期待小澤重返要職，他預測小澤有可能贏得無罪的判決，屆時將會對陷入國難之中的日本未來發揮有力的作用。鳩山的發難，等於呼應了外國媒體對日本政局的報導。

日本的民主黨大老被起訴，《華爾街日報》形容此事件或將引發日本政局的大變動，俄羅斯塔斯社則研判小澤被起訴將削弱民主黨或造成黨的分裂。關注小澤動態的世界列強各懷鬼胎，華府擔心菅政權受到衝擊，影響首相上半年訪美之行及美日同盟的強化；北京憂慮菅直人藉此凝聚「去小澤化」勢力，堅定親美路線，加速黨內對立，殃及從撞船事件後逐漸修復的中日關係。

當家的菅直人，為安撫人心，公開在眾院預算委員會向外界喊話，他強調：「如果要說沒有一點影響，那是騙人的。但總的來看，民主黨並未因小澤而形成二元化的權力結構。」菅的結論是小澤對政府及民主黨的影響力已在逐步下降之中。

不過，假使沒有找出因應之道，喊話也是無濟於事。菅直人和民主黨幹事長岡田克也兵分二路拆解「小澤炸彈」，他自己宣稱這個長年以來困擾黨的老問題，正在度過難關之中；岡田則向社民黨黨魁傳話，指民主黨一定會自行了斷。

民主黨領導階層決定和「闇將軍」正面對決，他們打算對小澤一郎祭出「停止黨員資格」六個月的黨紀處分，這項停權動作的目的，在於為小澤政治資金造假案做個了結，並藉此拉抬低迷的政府支持率。但即使相較於「開除黨籍」、「勸告退黨」，這已是最輕的處分，親小澤派的參議院幹部仍表態反對，使得會議還是無法獲致結論。

民主黨支持者將小澤一郎的競選海報貼在自家旅館前。

如何處理小澤問題，讓菅直人不僅面臨兩難，也進入政治危機倒數的階段。如果他無法盡速解決小澤的去留，將嚴重衝擊他的領導威信，同時愧對那些冒著生命危險舉發小澤不法行徑的市民團體。

然而，小澤畢竟不是等閒之輩，這是他存亡絕續的搏命之戰，他已經在黨內集會上預告菅內閣的「三月危機」。小澤警告說，假使二〇一一年度政府預算案在國會過不了關，育兒津貼勢必受阻，民主黨將陷入困境。但首相不會辭職，而眾議院則不得不解散。

「解散眾議院為期不遠了，菅內閣三月將遭遇難關！」小澤在昔為幕末雄藩薩摩的鹿兒島說這番話，渾然就是他企圖起兵再戰的告白。平成維新的「西南戰爭」竟然還沒落幕！

二〇一一年二月八日

向中國借東風

「日本人非常喜歡《三國志》，據說在票選最喜愛的三國人物中，首推足智多謀的諸葛亮。」在中山北路五條通的吉家料理亭，我這麼告訴日本友人。然而，坐在對面的堤表示異議，「我覺得不是耶！應該是關雲長，因為他堅持不事二主的忠義表現，比較符合日本人的武士道精神。」

堤說得理直氣壯，他的說法看似呼應許多人對日本企業組織文化的傳統印象。因為日本人對企業講究忠誠度，一如幕府時代武士對藩主的效忠，裡頭有武士的義理與藩主的威信，形成一種綿密嚴謹的組織結構，影響日後的企業文化和社會形態。

但義薄雲天的關雲長和鞠躬盡瘁的諸葛亮，並不是我想談論的重點。事實上，日本人最愛諸葛亮，不是我說的，那是媒體調查、民眾票選，旅日作家李長聲還說，日本人所謂的

「三國熱」大半是「諸葛亮熱」。我真正要說的是，日本對三國的著迷，並不僅止於小說、戲劇、動漫或電玩，在商場競爭、在政治角力乃至在國家生存上，隨處可見日本對「三國學」的運用實證。

二〇一〇年中國國內生產總額（GDP）超越日本，躍居全球第二大經濟體，新任的內閣官房長官枝野幸男在記者會上，講了一段頗富「三國意涵」的話，他說：「日本對周邊國家的經濟發展表示歡迎。重要的是，要借中國的東風，使其成為日本發展的原動力。」

四十六歲的枝野幸男，是歷來最年輕的內閣官房長官，與外務大臣前原誠司皆被畫歸為對中國採取強硬態度的代表性人物。已六連任眾議員的他，立場親台，既是民主黨日台友好聯盟成員，也從不諱言前總統李登輝是其最尊敬、欣賞的政治家。但這樣一位對中鷹派的內閣二把手，卻以「向中國借東風」回應日本GDP被中國超越的問題。

枝野認為，日本必須利用自身經驗與技術幫助鄰國，並努力構築共存共榮的關係，而這將會繼續獲得全球的認同。他也不忘鼓舞地說：「在人均GDP方面，日本仍是中國的十倍之多，為了將此優勢傳給下一代，我們應當繼續推進經濟增長的戰略。」

這位辯才無礙的少壯派政治菁英，一改先前視中國為「惡鄰」的論調，然則，他的「借東風論」卻老早就有日本企業在努力實踐。一個月前，麒麟啤酒宣布將與中國最大啤酒生產商華潤集團合作，進軍大陸市場。以生產「一番榨」聞名的日本啤酒巨頭，打算與旗下擁有中國銷售量居冠的「雪花啤酒」的華潤集團攜手，這項跨國合作案震撼了業界。

然而，「麒麟加華潤」並非日中雙方啤酒業首度合作，在這之前，朝日啤酒與排名中國第二位的青島啤酒已敲定資本合作。朝日啤酒除了取得近二成的股份，成為青島啤酒的第二大股東之外，也希望透過青島啤酒的生產點與銷售網，擴大朝日在中國的啤酒版圖。

朝日是從原先的第二大股東、全球最大啤酒集團比利時「安海斯—布希・英博（Anheuser-Busch InBev）」取得股份，朝日與麒麟兩大啤酒商的競爭，從日本跨海一路廝殺到中國，一來是受到國內市場因人口減少而萎縮的衝擊，二來也見證擁有龐大消費群的中國市場影響力。

不只啤酒業出現混合雙打，就連個人電腦也出現跨國合作案例。日本NEC與中國聯想集團兩大IT龍頭企業，在上個月底宣布將共同籌設合資公司，希望藉由雙方合作，提高研發能力和生產效率，以期超越追趕當前在市場上引領風騷的美國和台灣企業。

「超美趕台」是NEC與聯想成立一家控股公司的目標，這是「向中國借東風」的具體實踐，當「兩岸經濟合作架構協議（ECFA）」的簽署引起日本高度關注之際，日本知名企業早就展開他們在中國大陸的布局，如同首相菅直人在經團連等三大經濟團體的新年會上所做「平成開國」宣示。

菅直人說，「日本面臨少子化、高齡化的嚴重問題，勞動消費人口不斷減少，國內市場逐漸萎縮，社會保障制度難以為繼，只有打開國門，與各國建立高水平的經濟合作，搭上世界經濟發展的列車，日本才有前途可言！」

長年以來，「經營之神」松下幸之助將研讀三國視為成功致勝之道，在中國崛起的此刻，東瀛企業不僅奉此為圭臬，也前仆後繼地進出神州大陸。我想起那天在五條通的對話，友人說，日本之所以愛看三國，喜歡諸葛亮，那是因為日本是島國，必須學習在大國之間求生存，而聰明的諸葛亮正是畫定「三分天下」戰略的關鍵人物。

那麼我不免要問，誰是台灣的諸葛亮，而我們的「隆中對」又在哪？

二〇一一年二月二十二日

四月　決戰東京都

七十八歲的石原慎太郎決定放棄參選連任了。[1]這意味著今年四月的東京都知事選舉，終於不再有政治巨人的影子，一場群雄並起的大混戰於焉展開，像動漫《海賊王》裡的爭奪遊戲，誰都想掌握這座唯一能改變日本的城市。

二月二十七日，第五屆東京馬拉松大賽在風和日麗的天氣中登場，當天在西新宿的都廳大樓前，石原慎太郎為三萬六千多名參賽者起跑鳴槍，他意有所感地談到這項在其任內發起的運動競賽，「人生漫漫，咬緊牙關堅持到最後很重要，而馬拉松正是其中的代表。」

做了三任、十二年知事的石原慎太郎，顯然意識到自己的人生也即將走到最後關頭，儘

1. 石原慎太郎隨後又在二〇一一年三月十一日，宣布再次角逐東京都知事選舉。

管他尚未公開宣布，但是他的「政治馬拉松」的確已接近尾聲了。

這位日本政壇長青樹的右翼保守派大將，一生經歷豐富。就讀一橋大學時，以小說《太陽的季節》拿下象徵文壇最高榮譽的芥川文學賞，當時他年僅二十三歲。隨後，他擔任過電影導演、戰地記者，三十五歲那年，從越戰採訪歸來，加入自民黨，翌年當選參議員，任滿後轉戰眾議員，並且在福田赳夫、竹下登兩位首相的內閣中出任閣員。

一九九五年，石原脫離自民黨、辭去國會議員職務，四年後以無黨籍身分進軍東京都知事，從此展開他極富爭議的首都治理。與SONY創辦人盛田昭夫合著《日本可以說不》一書的石原慎太郎，向來以言論激進、作風強悍著稱，他不僅反中也反美，有人認為他慣於煽動極端民族主義的情緒，但也有人認為他只是想激發日本人從長期經濟蕭條的挫敗中振作。

但無論如何，歲月不饒人，石原再怎麼老驥伏櫪，也已經年近八旬。四年前，他在十二位參選者的激烈競爭中勝出，四年後，他即使沒有拔劍四顧兩茫茫，卻已難擋老之將至的現實考驗。

石原被視為日本的「太陽」政治家，沒有烈日當空的東京都知事選舉，星星月亮都跑出來。最特別的是知名居酒屋連鎖集團「和民」（台灣「和民」與其系出同門）的老闆渡邊美樹，他在接受共同社專訪時就大打「石原牌」，推崇石原整頓財政的績效，沒有浪費金錢。

五十一歲的渡邊出身神奈川縣，明治大學畢業後就投入創辦「和民」等餐飲業，他因事業經營有成，不僅跨足學校教育領域，也常參加電視節目演出。試圖商而優則仕的渡邊，提到他與石原的差異在於：「石原是文學家，感性從政是其風格；而我則是經營者，從頭到尾就是一個理性的現實主義者。」

與渡邊相同出身首都圈的挑戰者，還有五十二歲的神奈川縣知事松澤成文，他被視為石原的接棒人，第二任任期同樣將在四月屆滿。松澤也是松下政經塾一員，日本政壇現在是「松下派」當道，剛辭去外相的民主黨少壯派首腦前原誠司、財務大臣野田佳彥及科技大臣玄葉光一郎等，皆是松下政經塾的校友。

松澤的施政以鐵腕聞名，與石原的風格有若干相似之處，譬如三年前他曾首創日本先例，推動神奈川縣內公共場所全面禁菸，作為對抗癌症的具體行動。松澤認為，在酒吧、娛樂場所禁止吸菸是先進國家的趨勢；雖然餐廳及咖啡店業者強力反彈，但他強調，屆時會吸引像家庭這樣的新客戶上門。

政界看好松澤源自他與石原的深厚淵源，如松澤的特別祕書即是石原的親信。據日本媒體報導，石原慎太郎身邊的人很早就擁立松澤出馬，而松澤也確實表達和石原站在同一戰線的堅定立場。舉例來說，在涵蓋九都縣市的首都圈領導會議上，松澤在環境、交通等政

石原慎太郎為和平紀念館所題詩句。

策上，就與石原亦步亦趨。

另一個大有來頭的黑馬人選是宮崎縣知事東國原英夫。五十三歲的「東東先生」，來自九州鹿兒島，他預定這個月中旬宣布競選東京都知事，一如幕末薩摩軍揮師江戶，實現「就這樣向東走」的政治宣言。

出身演藝圈的東國原，最近為「向東而行」的布局動作頻頻，幾天前還會晤因築地市場搬遷問題憂心忡忡的水產批發商，展現強烈的企圖心。東國原已決定在石原表態後，公布自己的競選理由及政見。

決定參選首都市長的渡邊美樹說：「東京是唯一能夠改變日本的地方政府。」而他對照自己的人生，決心在五十歲之後贏得一個「不帶金錢回報的感謝」。這個能改變日本的「唯一」，讓主政的石原慎太郎一當就十二年，儼然是日本內部渴望強權政治的代言人。現在太陽終於要下山了，神奈川的專業政客、居酒屋的企業老闆、鹿兒島的藝人縣長，紛紛敲鑼打鼓齊聚大江戶。四月的東京都，一個風雲再起的新戰國時代，已然揭開序幕了。

二〇一一年三月八日

艱辛的第三次開國之路

「我們真的覺得，這次震災的復興，那是相當於二次戰後或明治維新的巨大挑戰，不光是災區需要重建，日本還要振興經濟，與國際社會的合作也是不可或缺的。」派駐北京的共同社記者佐藤，在回信裡這麼敘述她的心情。

東日本大地震發生後，我急切地與日本朋友聯繫，希望確認他們的安危。在眾多的回覆中，佐藤的話讓我思索，真正啟動日本政界、學界乃至整個社會喧嚷多時的「第三次開國」或「平成維新」的力量，難道是來自這場世紀浩劫？

一八五三年，美國海軍准將培里率領艦隊進入江戶灣岸的浦賀，要求與德川幕府談判，史稱「黑船事件」；隨著歐美列強叩門，日本終結鎖國時代，走向工業化，這是「第一次開國」。一九四五年，美國在廣島、長崎分別投下原子彈，結束二次世界大戰；百廢待舉的戰後重建，因著美援帶動國家復興和經濟起飛，創造了近代史上的「第二次開國」。

相隔一百多年，日本能否迎來明治維新以來的「第三次開國」，始終困惑著日本社會。崛起的中國、新興的亞洲，都被視為是刺激日本思考「第三次開國」的關鍵，然而，學者專家反覆爭辯的政經因素，卻不敵大自然帶來的全面性破壞，因為那相當一萬顆原子彈的強大威力，已徹底展現在世人面前。

包含著地震、海嘯、山洪、大火、輻射在內的複合式震災，讓日本面臨自二戰後死傷最慘重的一場災難。財經界預估東日本大地震造成的電力、交通、建築及生產設備等財產總值損失，已從千億美元不斷上修至二千億美元，遠遠超越一九九五年的阪神大地震，相當於國內生產總值ＧＤＰ的四％，而日本企業投資信心甚至要等到明年第四季，才可能恢復到地震前的水準。

相較於經濟重挫，受到劇烈衝擊的日本人心，重建之路更是步履艱辛。以福島核電廠引爆的核災危機為例，許多外國人因害怕輻射外洩紛紛逃離日本，美國撤僑至台灣，首爾成了臨時避難所，駐日外國企業轉進香港，向來以「安全之國」自豪的日本，如何重振美名，顯然已遭逢前所未有的考驗。

去年從東京大學退休轉往早稻田大學任教的若林正丈，在電子郵件中透露了他的擔憂，「日本這回很嚴重，真的能夠復甦嗎？」若林教授的憂心，毋寧也是多數日本人關切的問題。不過，這個擁有一流國民素質的全球第三大經濟體，卻憑藉著沉著冷靜的民族性格，讓世人看見他們浴火重生的契機。

我的兩位旅日台灣友人，在回報平安的書信裡即做了最佳的見解。遠嫁栃木縣的瑞宜寫道：「菅內閣在救災初期的窘況，會不會拖累日本，讓日本國力往下沉？其實，我看不會。因為支撐日本安定發展的社會力量主要是靠向上提升的企業力，並不是政治力。日本政局不安定也不是一天兩天，震前頻頻被喊下台的菅政府，就算再怎麼差，再怎麼被批評得體無完膚，也無損於其井然有序的社會力。」

在東京攻讀博士的景揚則描述他的所見所聞，「從地震發生到今天，我從日本人身上沒有看到那種因過剩的自我保衛意識所引發的彼此爭奪，取而代之的是冷靜與自制，這給了他們彼此相對的安定力量。」

負笈東洋多年的景揚認為：「我不相信這個國家的人會比較不怕死，而是人民面對災難時的態度，那是日本的國民素養。那種相互合作、顧全彼此的態度與素養，正是促使他們堅忍圖強的國力象徵。」

災難考驗一個民族，而一個偉大的民族也往往是從災難的淬鍊中誕生。二〇〇四年十月新潟地震發生時，我正在日本研修，當時已體會到日本災變應對的效率與力道，這次東日本強震的來襲，無論是福島敢死隊或仙台合唱團的災區故事，都讓人們再次見證了大和民

日本社會貧富差距甚大，亮麗富足的外表下，也有甚多的流浪漢。

族堅韌無比的生命力。

前往核電廠執行注水任務的東京消防廳緊急消防救援總隊幹部，在歸來的記者會上透露臨行前與妻話別的經過：丈夫說「一定平安回來」而妻子回答「相信並等待你回來」，救難英雄言及此事不禁潸然淚下，令世人動容。仙台初中合唱團深入災區獻唱，撫慰災民的心，他們的歌聲唱著，「一生懸命地活著，是多麼的美好；只要還有明天，幸福終會來臨。」

是啊！生命像四季的輪迴，即使是短暫如淒美的櫻花，明年此刻還是會盛開，日子不僅要過，而且要好好地、努力地過，要用「一生懸命」的力量活下去，才能告慰那些在震殤中逝去的亡靈哪！

二〇一一年三月二十二日

震災中的父子情

十三歲的本波侑樹，是岩手縣田野畑村的初中生，他的父親本波勝人是消防隊員，東日本大地震發生當天，為了關閉阻擋海嘯的閘門，本波勝人和夥伴緊急趕到海邊，卻不幸英勇殉職。

根據倖存消防員的轉述，侑樹獲悉了父親生前為搶救鄉里而奮鬥不懈的身影：本波勝人與四名隊員合力拉起鋼纜，放下堤防邊的閘門。堤防高三公尺，海拔五公尺。然而，這看似厚重高聳的閘門，依舊不敵捲起萬丈波浪的海嘯。

海嘯逼近之際，本波勝人叫喊著「快跑！」三名隊員猛踩卡車油門，加速奔逃，最後得以倖免於難。但五十一歲的本波，卻沒有這麼幸運，他和另一名隊員被洶湧海嘯追上、吞沒，就連他拚命關閉的鋼鐵閘門也一併被大浪捲走，不知去向。

這篇發自災區的共同社報導描述，侑樹見到父親遺體時已是災後第三天。就在當地體育館孤零零的角落，放置一個黑袋子，侑樹拉開拉鍊，看見父親的臉龐，像是睡著一般，但侑樹卻無法直視，久久不能自已。

侑樹的母親惠子，為了讓三個孩子振作，始終表現得很堅強。然而，就在握著黑袋裡冰冷雙手的那一刻，惠子再也難以支撐下去，不禁痛哭失聲。

本波一家人住在面對太平洋的島越地區，那個村子有一百八十九戶人家，大海嘯衝垮絕大部分的房子，約有三十人罹難或失蹤。侑樹的家，那棟從出生住到現在的兩層樓木造房，也被海嘯捲走，他因此連一張在父親葬禮上要用的遺像都找不到。

在災民安置點熄燈甚早，黑夜到來時，侑樹常常蜷縮在毛毯裡想爸爸。因為搬運液化瓦斯的工作緣故，父親勝人有一副寬厚的肩膀和粗壯的手臂，雖然他脾氣急躁，但做起事來卻非常拚命。讀小學三年級時，父親曾帶著一家人去盛岡動物園看長頸鹿和獅子，那是讓侑樹最懷念的歡樂時光。

失去摯愛的父親，讓身為長子的侑樹難以釋懷、倍感苦悶。直到葬禮後，侑樹的導師在校園裡說了這段話：「對於你父親的死，我非常遺憾，但是他關閉了閘門，很多人因此得救，你父親為了家鄉奮鬥到最後一刻。」

侑樹此時才逐漸感受到父親的偉大，那個為了保衛家園不惜犧牲生命的勇敢身影，將是他和媽媽、弟弟、妹妹一起攜手走下去的動力。

日本震災中不乏令人動容的血淚故事，岩手縣天人永隔的父子情，讓我想起台灣九二一大地震的一段採訪經歷。

一九九九年九月二十四日，災後第三天，我在台中東勢，遇見家住本街的山難搜救協會中隊長徐先生，他向我敘述九二一當晚搶救自己小孩的經過：

「我聽見小兒子微弱的叫聲，他呼喚著我『爸爸，救我、救我』，我嘗試安撫他說『爸爸在這裡，我先救媽媽，等救了媽媽，我馬上去救你，你不要緊張、害怕，勇敢一點，忍耐一點』，他跟我回答說『好』，但是他被卡住的地方都是鋼筋、水泥，他又問了一句『爸爸，你好了沒？』我急得想用手把鋼筋、泥塊扳開來，因為他就在下面啊！」

「天還未亮，大哥已借來電鋸，山難搜救協會的弟兄也開著挖土機來幫忙，但是根本無濟於事，我們就這樣等待天亮，直到中午，才把孩子救出來，可是他已經窒息而死，我抱在懷裡，幾乎快要暈過去，他只是個七歲的小孩哪！」

「我的大兒子在第二天的下午被找到，那時他已經氣絕身亡了。兩個小孩和我感情很深，天天和我睡在一起，有時候我晚一點回來，小兒子還會打電話黏我問說『爸爸，你在哪裡？』我自己是救難隊員，平常都在救人，可是我卻連自己的孩子都救不了！」

即使相隔十一年，我依稀還記得那個失去孩子的父親哀容，他哭著說：「明明知道孩子就在那裡，卻救不出來；一輩子都在救人，卻救不了自己的孩子。」父子情深，搜救隊長的喪子之泣，一如本波侑樹的失怙之痛，都是震災中波瀾壯闊的生命之歌。

而我在閱讀這些震災故事的同時，不僅為捨身取義的救難典範深深地感動，也對災後倖存者必須勇敢活下去的強韌感佩不已。徐隊長曾努力地想和妻子再把兩個孩子生回來，我想，大海一端的侑樹應該也可以帶著家人走出悲傷。

那是老天爺的考驗，一首又一首的生命之歌，宛如閃閃的淚光綴滿人生五線譜，從台灣中部的山城飄洋過海到日本東北的海邊。

二〇一一年四月五日

災區裡的鯉魚旗

四十八歲的桑山紀彥，是宮城縣名取市一家診所的院長。東日本大地震發生之後，他一邊關懷災民流離失所的創傷問題，一邊也用攝影機記錄殘破不堪的災後家園。

診所距離海嘯席捲的地區約二公里，那裡有很多人被海嘯捲走，幸運生存下來的人則繼續在避難所裡努力生活。桑山剛開始只是想試著傾聽災民的聲音，但隨著訴說內心之苦與片段記憶的連接，災民的心情也跟著平復，他因而決定拿起攝影機。

「兒子不在了，那都是因為我的緣故」，一位七十四歲的老婆婆嘆息地說。地震發生的第一個禮拜，她在診療室暗自流淚，連話都說不出來。為了下落不明的四十六歲長子，她不斷地尋找。第三周之後，她到遺體安置所去探詢，每天打開報紙，看看有沒有兒子的姓名，甚至還疑惑地說：「會不會被魚給吃了？」

這個母親很自責，向桑山說，她覺得兒子失蹤，完全是「我的原因」。然而，桑山卻發現老婆婆更巨大的災後創傷症候群是「海嘯的記憶」。

因為海嘯，她迄今怕水，彷彿口中有泥水讓她被嗆得喘不過氣，看見醬湯會有作嘔之感，「那看起來像波浪」，她這麼告訴桑山。即使從避難所去了闊別許久的公共澡堂，她還有連腳都不敢放入澡盆的懼怕。

老婆婆向桑山訴苦的案例，其實是這位心理醫生對眾多患者的訪問之一。桑山利用巡迴診療的時候，記錄災害情況與災民記憶，他不僅希望藉此為震災的創傷找到治癒良方，也期盼海內外支援災區醫療的人能看到這些影像。

東日本大地震屆滿一個月之後，類似桑山醫生這樣有心的感人故事，俯拾皆是。事實上，災區不只需要有形的硬體重建，也更需要無形的心靈修補。

然而，失去依靠的老人，重生之路或許步履艱難，但剎那間湧現的孤兒，如何繼續他們的人生，卻更需要整個社會的關注與協助，因為他們代表的是希望和未來。

根據日本厚生勞動省的統計結果顯示，岩手、宮城、福島三縣在地震中因雙親死亡或失蹤且未滿十八歲的孤兒，已超過一百人。由於搜查工作持續在進行，政府部門研判孤兒人數將會繼續增加。

東北三縣的地方政府，一方面與協同支援的兒童福利單位，走訪各個災民安置點；另一

飄盪在空中的鯉魚旗。

方面也針對孤兒養育事宜與他們的親戚進行討論，希望為孤苦無依的孩子找到一個安全的家。當然，兒福單位還得為許多可能連親人都遍尋不著、近乎孑然一身的孤兒尋找領養家庭。

孤兒的安置與後續撫養是震災之後相當棘手的課題，日本在阪神大地震之後也曾面臨過相同的挑戰。即便是台灣的九二一大地震，在相隔十二年後逐漸平復的此刻，依然有許多關懷孤兒的愛心工作在默默地進行中。

相對於生命即將走至終點的老人，青春正盛的災區孩童，理應受到社會更多的關愛。這不是因為老人與孩子在年紀上的差別，而是兩者生命經歷的不同。老人的社會歷練與生命經驗，是孩子所欠缺的，失去雙親的孤兒，沒有家庭奧援，不知世間險惡，尤其顯得無助，他們得自立自強，在逆境中勇敢地成長。

為了鼓舞災區孩童向前行，東北震災三縣紛紛在災區裡升起鯉魚旗，中央政府也在首都圈的災民安置點舉辦激勵人心的升旗活動。幾天前，在東京青山的「兒童之城」，厚生勞動省邀來災區孩童與家長，升起一百面鯉魚旗。

在晚春的藍天裡，那些五顏六色的風幡，宛若鯉魚集體游動般的場面，甚為壯觀。到場鼓勵的相撲橫綱選手白鵬，說了一番令在場人士感動的話，白鵬向孩子們說：「中國有鯉魚躍龍門的傳說，雖然現在是艱困時期，但希望你們能像鯉魚一樣逆流而上，成為肩負日本未來的人。」

源自江戶時代武士家族的鯉魚旗，是一種百折不撓的精神象徵，也代表著勇氣、力量與意志。有一回在栃木，我的旅日友人曾經送我鯉魚旗，除了祝福家中男孩健康快樂之外，也希望他們能像鯉魚一樣，充滿元氣！

為災民做記錄的桑山說，他的拍攝，不止是人類的證言，還有對影像的典藏，也同時整理了自己的記憶，並且向世人傳達克服災難所需要的生命韌性。

咀嚼這段話時，我不知怎麼地，想起一幅災區新聞畫面：大人牽著小孩的手，佇立在四周都是斷垣殘壁的小徑上，遙望著一面隨風飄揚的鯉魚旗。

二〇一一年四月十九日

菅直人打土撥鼠

「辭職是因為專家之間見解的不同。我對此感到非常遺憾，不過我絕對不是隨機應變的對應。」在眾議院預算委員會上，首相菅直人針對東京大學放射線安全學教授小佐古敏莊辭官事件，做了這樣的回答。

小佐古是菅內閣特地找來的核能專家，目前在東大研究所任教，三一一東日本大地震發生後五天，他隨即被首相任命為內閣官房參事，藉以在核電廠設施與核輻射問題上提供專業意見。然而，僅僅一個多月，這位首相委以重任的核能安全專家卻含淚掛冠求去。

小佐古教授在辭職記者會上指責政府對福島第一核電廠事故的處理，他以「藐視法律」、「毫無計畫」的強烈字眼，批評政府的應對措施，延誤了平息事故的時間。小佐古還舉例說，用以預測放射性物質擴散的「緊急預測核輻射系統（SPEEDI）」的測定結果，竟然遲遲未公布；然後，還將核電廠工作人員的全年輻射量上限，從一〇〇毫西突然提高到二五〇毫西。

「官邸和行政部門就像在打土撥鼠遊戲那樣臨場隨意地做出決定，將應該要做的程序視如無物。」小佐古抗議地說：「有關福島縣小學校園內累積的放射性物質，文部科學省提出的輻射標準，也不符合國際常識，根本是行政機構任意決定的。」

被形容是在玩打土撥鼠遊戲的菅直人，隔天在國會備詢時努力為自己辯解，他強調：「政府是根據原子能安全委員會討論的結果來加以應對，絕不是臨時隨意決定，不存在那些批評政府應對的問題。」

小佐古的辭官舉動，為風雨飄搖的菅內閣再送上一顆震撼彈，身為首相的智囊團成員，卻還在此刻補射一箭，也難怪菅直人要奮力辯駁。畢竟這可不比立場相左的政敵，小佐古是他延攬入閣，任期如此短，而且臨去秋波時炮聲轟隆，再怎麼說，他都難辭其咎，當然也讓他難堪至極。

菅直人的處境其實是極為艱難的。民主黨在四月的統一地方選舉中敗北，除了重挫政黨形象之外，最大的隱憂是菅直人暴露了嚴重的執政危機。黨內究責聲浪四起，不僅少壯派對菅頗有異議，甚至連官司纏身的小澤一郎都蠢蠢欲動。

出身松下政經塾的民主黨大阪府總支部聯合會代表樽床伸二[1]，在選後宣布辭去黨職，已五連任的眾議員樽床，去年六月曾和菅競選過黨魁，他的表態意在向民主黨中央施壓。

隨著輿論對菅內閣災後重建效率漸感不耐，黨內倒菅勢力也跟著集結。包括民主黨副黨魁山岡賢次、前總務大臣原口一博、前外務大臣田中真紀子、前內閣副官房長官松野賴久等人，最近剛組成一個名為「邁向足以因應震災的聯合政權總調和之會」，在鳩山、小澤兩大山頭力挺下，已成為倒菅集團的主幹。

鳩山是該組織的顧問，他痛批菅直人結黨營私、排除異己，聽不到民間聲音。主導運作的山岡也宣稱不能坐以待斃，並喊出「重建民主黨」的口號。他們在誓師聲明中，以儼然「弔民伐罪」的口吻說，菅內閣已失去民心，民主黨有必要另行建立一個能與在野合作的機制，與公明黨籌組聯合政府。

但在震災中左支右絀的菅直人，對外界要求他去職的聲音，卻展現堅強的政治韌性，他說：「放棄責任不是應有作為」、「而我處於這樣（首相）的立場，那是一種命運使然」。菅直人自認所作所為仍得到國民一定的評價，他堅稱繼續執政，「但那不是執著於權力，而是認真負責地做要做的事情。」

儘管民調顯示，認為菅直人領導不力的民眾高達七成六，菅內閣支持度也僅為二成七。然而菅直人依舊奮戰，在黨內凝聚力快速流失下，他的堅定戰友、民主黨幹事長岡田克也痛斥反對派扯後腿，勢將受到國民批判。

但這就像遊戲機上的土撥鼠，黨內外各路人馬的騷動，讓日本政壇已瀰漫一股倒菅風雲，四處流竄、此起彼落。手持棒子的菅直人，在疲於奔命的政治追擊中，能通過這場嚴厲的考驗嗎？

其實，這何嘗不是菅直人所說的宿命。小佐古教授說，官邸對震災的處理有如在打土撥鼠般任意行事，但從某個角度看，菅直人的命運和土撥鼠的境遇有何差異，與其說他是在打土撥鼠，還不如說他正是那隻土撥鼠。

二〇一一年五月三日

---

1. 樽床伸二（一九五九—），日本民主黨政治人物，野田內閣總務大臣、特命擔當大臣。

如果「鬼之刑事」在世

坐在榻榻米上的平塚八兵衛（渡邊謙飾），以一種江湖不堪回首的口吻向《產政新聞》社會部記者岩瀨說：「做我們這行的，抓到犯人是一百分，沒抓到就是零分，幹刑警的沒有八〇、九〇這種半吊子的分數。」

岩瀨想說服平塚口述刑警生涯的回憶錄，但平塚自認沒資格講故事，他幽幽地說道：「我是個連三億日圓事件的犯人都沒抓到，並且因此辭去警察工作的人。這種零分的警察，不管講什麼都很難看。」

出身茨城縣的平塚是名退休刑警，因為辦案認真、調查嚴謹，在戰後多起重大刑案中屢建奇功，博得「鬼之八兵衛」的稱號，說明他在犯罪偵查最前線的英勇表現，有著令世人折服的評價。

二〇〇九年，朝日電視台根據作家佐佐木嘉信的《刑事一代——平塚八兵衛之昭和事件史》，改編為電視劇，做為紀念開台五十周年的代表作。在此之前，以平塚為主角的小說還有比留間英一的《八兵衛捕物帖》，不過一九七五年平塚退職後撰寫《三億日圓搶奪事件》，詳述自己追查七年的紀錄，為自己的警界遺憾留下註腳。

渡邊謙在《刑事一代》劇中飾演平塚八兵衛，他對這個人稱「鬼之刑事」角色的詮釋入木三分，平塚提到的三億日圓搶案是日本史上金額最高的搶劫事件，而他正是以該起事件搜查主任的身分退職。

發生在一九六八年（昭和四十三年）十二月的三億日圓搶劫事件，是日本犯罪史上的一大懸案。一輛日產運鈔車在東京府中監獄圍牆外的馬路上被劫，假冒交警攔檢的歹徒，為何能不費吹灰之力，就在眾目睽睽之下駕車揚長而去？原本對案情高度樂觀的警方，為何在長達七年的刑事追查中，最終還是束手無策？

一連串諸多待解的謎團，讓三億日圓搶劫事件成為日本小說、日劇和電影創作的熱門題材。即使相隔四十多年，這起被稱為二十世紀最大之謎的社會案件，迄今依舊為人們議論不已。

然而，被搶金額創史上之最的紀錄，卻於今年再度被改寫，而且犯案手法依然令人瞠目結舌。

二〇一一年五月十二日凌晨三點，位在東京都立川市的「日月警備保障立川營業所」，遭兩名持刀蒙面歹徒闖入，歹徒將正在沙發上打瞌睡的警備員（即保全人員）用膠帶捆綁，並以鐵管毆打脅迫保全說出保險櫃的密碼，隨即將金庫裡的錢全數搬空，然後透過待命的車子接手，迅速得款六億四百萬日圓。

根據警方調查，犯案二人組手腳俐落，從一樓鎖扣損壞的窗戶侵入，接著壓制小憩中的警備員，再到金庫搬運六億現金，分裝在七十多個麻袋，隨後從容地離開現場，前後作案僅十到二十分鐘左右。就犯罪經過來看，堪稱是一場近似快打旋風的行動，完全不拖泥帶水。

據說，著手偵辦中的東京都警視廳，對這起棘手的強盜洗劫事件有不少疑點，譬如，六億現金的金庫，為何只有一名警備員值班？這筆巨款是在前一天剛從中央郵局運抵營業所寄放，準備要送往多摩地區各地郵局，但誰能消息這麼靈通？再者，一樓窗戶鎖雖在去年秋天開始出現故障，但知道者幾希？又如，關於保險室的金庫密碼，何以歹徒知道警備員會背誦？

種種跡象，讓警方高度懷疑這是「內神通外鬼」的犯罪案件，但辦案講求證據力，不能憑空想像、推論。舉例而言，六億日圓的現金，二人組從金庫搬運出來僅花了五分鐘，若是以一萬日圓紙鈔估算，重量大概約六十公斤；假設是一千日圓紙鈔，則重達六百公斤。

立川署搜查本部的刑警，因此得拿著面額大但重量相對較輕的紙鈔，實際在現場演練一遍。

成立於一九六五年的「日月警備保障」，是一家老字號的保全公司。由於六億日圓搶劫事件，凸顯專業訓練、應變能力都明顯不足，讓他們飽受「警備狀況太粗糙」的指摘。無獨有偶地，這並非「日月警備保障」頭一遭出樓子，二〇〇三年、二〇〇八年曾發生過運鈔車遭劫的案子，分別損失一億五千萬、六千九百萬日圓。諷刺的是，這兩筆現金都打算要用在「郵政」，而且都沒有破案。

震撼社會的六億日圓遭劫，已躍居日本搶案金額史的第一，但如果要比較一九六八年的物價水平，當時的三億相當於今日的三十億，換言之，昭和年間的三億日圓，應遠在平成時代的六億日圓之上。

一生偵破無數奇案的平塚八兵衛，在三億日圓搶劫事件刑事訴訟時效成立的九個月前引退，我很好奇「鬼之八兵衛」如果在世，這位被形容像鬼神般的辦案奇才，會怎麼看待六億日圓搶案呢？

二〇一一年五月十七日

日本歐吉桑的憂心

景揚從東京捎來一封信，信中描述他和已退休的前《朝日新聞》記者淺野千明碰面一事，「談到這次地震與核災的話題時，老人家顯得十分憂心與無力感，與當年在朝日的老練印象完全不同。」

淺野與景揚的對談有兩個重點：第一，房屋、鐵道、土地等有形資產的損失，規模太大，和阪神大震災不可同日而語；第二，核災看來無法短期內收拾解決，長期發展下去，將會讓日本國民投入復興的決心與毅力逐漸動搖。

六十多歲的歐吉桑甚至悲觀地預測，日本戰後最大的經濟危機可能才即將要「開始」而已。不過，他倒是自我安慰地說，日本人的好處是如果大家都變得一樣窮的話，抱怨便會停止。

景揚旅日應該有八年了，他最近寫信回來，常提到東日本地震和核災的影響，字裡行間既有對人生無常的感嘆，也有對島國未來的焦慮。但他寫淺野先生卻是第一次，那是自二〇〇四年我赴東京研修以來，兩個老少忘年交的再度重逢。

他們的重逢，讓我陷入沉思，乃至漫長的回憶之中。

記者出身的淺野千明，是當年我應邀在《朝日新聞》擔任客座研究員時的同事。快從報社退休前，他帶著太太到台灣環島旅行，我們相約在台中聚首；二〇〇九年秋天，又在東京街頭相逢，歐吉桑老當益壯，興奮地說「有朋自遠方來」，不僅戒掉抽了三十多年的菸，還興致盎然地跑去中國大陸做綠化志工。

那時的淺野先生是日本許多老人從職場退休後的寫照，他很早就在規劃這樣的生活模式：閒來陪開藥局的老婆四處走走，再不然就是和幾個老友持續種樹，為大地「去沙漠化」的理想而努力。

不過，如此恬適優閒的生活型態已經改變了，或者說就連看待生命的態度也出現微妙轉變。

現在的淺野不復當年意氣風發，震災、核災對日本國民信心的衝擊，遠超乎他的預期之外，對一個生命走到暮年的老人而言，比二次戰後更嚴峻的大考驗才要開始，但天邊的夕陽卻已到來。

無論是經歷過安保鬥爭或是所謂的戰後團塊世代，恐怕都會有非常複雜的感受，他們可能擔憂的是，做為一個「即使悲傷也哭不出聲音」的大和民族，這回難道真的走不過去？好幾個世代的努力，是否會埋葬在東北的廢墟裡？

日本社會已在震災中展現了一股為世人讚許的「沉著理性」力量，但更巨大的信心危機卻潛藏於背後。淺野的憂心即為一例，類似他這樣，從東京大學等名校畢業，然後以「萬中選一」的錄取比例考入知名企業，並且辛苦一輩子的上班族，不知凡幾，但他們真正憂心的不是自己，而是下一代。

淺野夫婦育有一對兒女，而且先後順序正是中文裡的一個「好」字，女兒是從歐洲學成歸國的鋼琴家，兒子是自慶應義塾大學畢業的高材生。他與多數世人相同，都是懷抱著為下一代打拚的夢想，但想不到竟會在有生之年，看到一個更艱難的世代挑戰。

歐吉桑雖然憂心忡忡，其實相較之下，他還是比較幸福的。與那超過一百個震災孤兒，或是五百多位失去父母當中一人的兒童相比，災區裡下一代的悲苦無處訴，甚至還有很多孩子不知道明天在哪？

我很想寫一封信給淺野先生，然後告訴他下面這個故事。

電影《新天堂樂園》有一幕描述遊子返鄉的感人畫面，坐在老家裡打毛線衣的母親，忘了自己還在打毛線衣，聽見車子聲音，起身要奔去迎接時，毛線球跟著也落在地上，然後

未來，將是嚴峻的考驗嗎？

隨著母親急切的腳步，一路從客廳滾到門口。

那個毛線球是一種隱喻，紅紅的線是父母對孩子的牽絆。兩根竹棒來回交錯，膝蓋上的毛線球就漸漸地變少，另一端則越來越緊，在不斷迴旋、反覆纏繞的動作中，交織成一件愛的毛衣。

導演的鏡頭從空中往下拍，那越滾越遠的毛線球，宛若是母親對孩子離鄉背井的無盡思念。相隔二十年了，我始終記得這部經典電影的動人橋段。

我要告訴淺野先生的是，東北大地震是日本的毛線球，而你的憂心就像是那一條綿延不絕的紅線，下一代的日本人要努力找尋、重新編織，屬於他們自己的毛衣，而那是一份無可推卸的責任與義務。

至於歐吉桑，你真的不需要太擔憂，因為生命總是會找到出路的。

二〇一一年五月十一日

菅直人的酸梅滋味

日本人喜歡酸梅乾，因為酸梅不僅能止渴提神、強胃健腸，還有助於消除疲勞，甚至預防老化。在這項不可或缺的庶民食品中，和歌山縣的紀州梅堪稱遠近馳名，那不僅是當地名物，也擁有全國最大的製梅廠。

最近被政敵追得走投無路的首相菅直人，在官邸接受紀州梅生產廠商對他的致敬，身著和服的「紀州之女」，端著碗盤送上兩顆斗大的酸梅乾，讓手持竹筷品嘗的菅直人，在讚許「好吃」之際，露出難得一見的笑顏。

那是首相官邸的「紀州梅之會」，贈梅之舉意在言外，就盼為身處困境的菅直人加油打氣。希望透過酸梅乾滋味忘卻滿身疲勞，進而回復元氣，從權力挫敗中復甦。代表獻梅的紀州女兒池永佳織，在會面後即表示，「再怎麼的苦難，也請超越跨過去！」

然而，儘管梅乾是酸中帶甜之物，但菅直人的仕途卻未必能苦盡甘來。政治之無情、民意之現實，都是他老早就該了然於胸的課題。含著紀州梅的菅直人，其實已有「下台之日不遠矣」的心理準備。

任何一個政府領導人在公開表達辭職意向之後，還能繼續幹下去的例子，即使不是這世上絕無僅有，在民主國家裡頭也是少之又少。除非臉皮夠厚，可以言而無信，把自己說過的話硬生生地吞下去，對民意觀感置若罔聞。但這樣的政客在日本肯定是幹不下去。

菅直人能躲過內閣不信任案的危機，全拜他與前首相鳩山由紀夫密會之賜，雖然兩人在辭職的時間點上有極大的認知差距，但那並無損於菅內閣即將謝幕的既定事實。換句話說，菅直人早晚要下台，差別只在於身影漂亮與否，而那將是他最後的尊嚴。

以菅直人的政治智慧，應當明瞭這樣的政治情勢。鳩山不是對菅直人恨之入骨，但他和民主黨內倒菅勢力的「闇將軍」小澤一郎電話會談，卻足以說明菅內閣來日不多。鳩山電告小澤，「我會讓他遵守政治家之間的約定，請相信我」，小澤回稱，「那就請努力」。

身為民主黨大老，鳩山原本期待「有條件」封殺內閣不信任案，避免黨走上分裂之路，誰知道菅直人卻不怎麼認帳，這讓鳩山有被欺騙之感，因而與小澤合作，展開反菅連署行動，要求黨內召開參眾兩院議員大會。

日本政局向來山頭林立，執政的民主黨也不例外。小澤雖全力倒菅，但他形象爭議太大，很難獲得民意支持；覬覦首相寶座者眾，然黨內卻缺乏登高一呼的合適人選，無論是黨幹事長岡田克也、代理代表仙谷由人、官房長官枝野幸男，似乎都很難發揮定於一尊的力量。即使民主黨高層醞釀指定財務大臣野田佳彥接班，但能否如願，也猶在未定之天。

先前被看好接班的前外相前原誠司，在媒體專訪中回應此問題說，「關鍵在於這個人是否有領導國家的氣概」，倡議限時聯合執政的他，意有所指地表示，「當前最重要的不是黨內一團和氣，而是要如何推動日本政治向前走」。前原是「去小澤化」的急先鋒，他的談話標誌著堅定的反小澤路線。

相對於執政黨內對立加劇，在野的自民黨，也沒有好到哪裡去。自民黨總裁谷垣禎一、幹事長石原伸晃[1]的民調支持度，都還不如政調會會長石破茂，更何況以自民黨現在的實力，也難以撼搖民主黨政權，只能寄希望於對手的分裂。

不過，讓菅直人最難堪的問題，不是來自內部的紛擾，而是外界看待日本「江河日下」，乃至「群龍無首」的隱憂。今年五月的日美首腦會談，菅直人曾與歐巴馬敲定，計畫九月上旬訪問美國，屆時要由誰訪美都不知道，遑論要討論哪些議題。

像美國這樣盟友都感到疑惑，鄰近的中國、韓國更不用說。譬如，中國國務院總理溫家

1. 石原伸晃，東京都知事石原慎太郎之子，日本自民黨政治人物。

寶曾當面邀請日本首相訪中，現在菅直人確定要下台，哪還有資格成行？同樣地，菅直人邀請韓國總統李明博來訪，如今永田町的主人要莎喲娜啦了，邀李大統領做客東京還算不算數呢？

這是日本人最感無奈的政治死結。一方面，菅直人缺乏施政魄力，民氣嚴重下滑，確有難以為繼之勢；另方面，誰來取代菅直人，朝野又毫無共識，宛若走馬燈的首相更迭，不過是再度印證日本政局的不穩定性罷了。

在野黨與小澤倒菅勢力的分進合擊，已勢所難免，他們宛如盤旋天空的禿鷹群，正等待瀕臨垂死邊緣的菅內閣壽終正寢。早在東北大地震襲擊日本那一刻，這就是一場不可避免的政治爭鬥，而菅內閣則已在加護病房奮鬥快三個月，僅剩下能否贏得最後的尊嚴。

嘗過酸梅甘味的菅直人，唯一可以安慰的是，做為五年來第五位下台的首相，這不是他個人的悲情，而是日本這個國家的宿命。

二〇一一年六月十四日

來自柏林的琴聲

三十二歲的小提琴手日下紗矢子，專注地拉著琴，「十六年前的記憶」隨之湧上心頭。悠揚的琴聲，撫慰了受傷的心靈，也引領世人重回生命苦難的記憶之路。

這是在德國柏林，多場支援日本震災的音樂會已相繼舉辦，一個遠道而來的貴客，受到當地輿論關注，他是日本皇太子德仁親王，為紀念日德兩國交流一百五十年，獲邀出任慶祝活動日方的榮譽主席。

正在德國進行訪問的皇太子，於柏林大使館接見傑出的旅德小提琴家日下紗矢子，並且聆聽那一段十六年前的往事追憶。

日下紗矢子出身兵庫縣，二〇〇六年遠渡重洋來到德國學習音樂，三年後，她進入當地名門的「柏林音樂廳管絃樂團」，並且擔任樂團的第一首席。對日下而言，她就如同許多離鄉背井的愛樂人，終於在柏林圓了自己的音樂夢想。

然而，東日本大地震發生那天，在彩排中的日下經由樂團友人告知後，隨即透過網路新聞，獲悉海嘯吞沒家園的慘狀，就在那一刻，已經遠颺的陳年記憶，也跟著甦醒過來。

一九九五年一月十七日，阪神大地震襲擊日下紗矢子故鄉，位在兵庫縣蘆屋市的老家，成了受災戶，她的父母、祖父母被迫往避難所生活。日下當時在東京的高中求學，但是從阪神電車窗外望去的家鄉街道卻已變成斷垣殘壁，還是高中一年級生的她，「卻什麼事情都不能做，只能乾著急。」

十六年後，當家鄉發生世紀浩劫之際，日下已覺得現在的自己是什麼都能做，她馬上和樂團商量舉辦慈善音樂會。樂團職員著手調整行程，同事也決定義務擔綱演出。震災後不滿一個月，音樂會登場了，會場裡擠滿許多柏林市民，整場音樂會演出的善款收入全額捐給仙台市。

「即使在遙遠的德國，仍有很多人關心著日本，我為此而感到高興」，訪德的皇太子與日下會面、談話，他一番激勵的言詞，其實也見證了日、德兩國深厚的紐帶關係。

日本、德國這一東一西的兩個國家，有許多相似之處，他們都是單一民族，有過長期的封建制度和君主統治的歷史傳統，人民服從性高、重視組織紀律，並且在現代科技上，以講究先進、專精與一流品質管控而聞名全球。

事實上，十九世紀後期的日本，幾乎將德國視為學習的典範，明治維新時期的日本陸軍體系，更是依照德國體制創建。當時以右大臣岩倉具視[1]為首的使節團，走訪歐美找尋富國強兵之道，「維新三傑」之一的大久保利通，在出席德國首相俾斯麥的招待會之後，對其鐵血政策印象深刻，直言日本應以德國為榜樣，學習以實力對抗強權。

一百五十年前，日本幕府與普魯士王國簽署《友好通商條約》，從而開啟日、德雙方交流，那時候的大和民族與日耳曼民族，壓根兒都沒想到會在日後結盟為軸心國，進而共同淪為戰敗國。

不過，日、德兩國對於二戰後的反省態度卻呈現極大落差，有人認為這是儒教「恥文化」與基督教「罪文化」的不同，也有人分析其中的關鍵在廣島原爆。因為屠殺猶太人的罪行，讓德國人深感悔過不易、罪孽深重，而日本人卻由於是世上唯一核武受害國，以為代而受過，輕易地自我原諒。

多年前，諾貝爾文學獎得主、作家大江健三郎在法蘭克福書展的演講上即公開批判，「日本人從來不曾面對他們的罪行！」然而，像大江這樣的社會良心，終究是空谷跫音。

戰後一甲子，日、德兩國早已從廢墟中重生，經濟發展突飛猛進，甚至再度躍居世界強

1. 岩倉具視（一八二五—一八八三），日本幕末政治家，策劃王政復古，影響明治維新的發展。

國之林。如今牽繫這東、西兩國一百五十年情誼的命運之繩，雖然不再是戰爭，但卻是破壞力更勝於戰爭的天災。

日本皇太子德仁在訪問德國時，特地在總統府的庭院裡種了一棵櫻花，他祈禱美麗的花朵能夠盛開，成為兩國友好的象徵。身為東道主的德國總統武爾夫，則宣稱將繼續為日本災後重建提供援助，他說，「正是在這種特殊時刻才能證明友情的無價。」

我想起有一回在日本友人家中聆聽鋼琴演奏的記憶，恰巧他那彈奏一手好琴的女兒，也是剛從德國留學回來。那時，優美動人的琴聲緩緩地迴盪在客廳裡，就像日下在柏林音樂廳的小提琴演奏。

記憶是如此美好，又如此悲傷，有生命的牽絆，也有民族的苦難。從柏林到東京，從幕府到現代，看似綿延不絕，卻又柔腸寸斷。

二〇一一年六月二十八日

在暗夜中抱義而行

「世界上，沒有比台灣對日本更友好的國家了。但你們總是把這樣的好視為理所當然，實際上卻從未真誠地對待好友，讓這個朋友永遠都得走後門，即使是公開場合碰頭，也只能在檯面下握個手。」

多年前，在東京的居酒屋，我和一位日本外務省朋友喝到酒酣耳熱之際，向他一吐心中塊壘，那時回國在即，對台日互動的不平待遇心有所感，不禁在席間訴說身為一個台灣人在海外的鬱悶。

友人聞言回稱，他能體會，不過日本的外交政策就是如此。這位年輕的外交官說，台灣不該老是覺得受委屈，政黨輪替後，台灣人不是已經走出悲情嗎？他相信有朝一日，雙方關係一定可以正常化，而此時，委屈是不能解決問題。

多年後，友人的勸慰始終縈繞在我的腦海裡。對於「正常化」的說法，我並不服氣，因為日本從二戰以來不也面臨國家正常化的爭論？一個還在找尋正常化的國家，有資格這麼說嗎？然而，「委屈是不能解決問題」，我卻是認同的。因為沉溺在天下人皆負我的受迫害情緒，根本無濟於事，也不是台灣人的天性。

的確，台灣不需要活在委屈之中，也應該要擺脫委屈的束縛，尤其是在發生一起將台灣留學生排除在申請災區獎學金的資格事件後，「委屈」兩個字，不僅沒贏得尊重，更顯得像是一種屈辱。

根據媒體報導，東日本大地震發生後，日本政府緊急向災區大學的自費留學生提供獎學金。但來自台灣的本科（大學）留學生，卻因為不符「資格」而無法申請。台灣留學生為何沒有資格？文部科學省的說明是日本和台灣沒有邦交。

事實上，文部省早在今年四月即決定採取緊急支援措施，擴大減免災區出身的國、公、私立大學生的學費，約六千人受惠，並且增加無息獎助貸款名額約五千人。當時，文部省曾行文給大學，要求協助關懷學生，使學生不致因大地震帶來的經濟困難而讓學業中輟。

震後三個月，文部省為了援助災區的自費留學生，決定將他們當作接受政府獎學金的公費留學生看待，以三月震災一個月為限支付每人十二萬五千日圓。由於公費留學生制度規定以「和日本有邦交關係的國家」為對象，緊急獎學金比照此一制度，台灣留學生因而無

東北岩手大學學生在雪夜中上下學，有點蕭瑟索然。

法申請。

災區的旅日台灣學子因資格不符，而無緣享有的不公平待遇並不僅止於此。文部省針對自費留學生還有一項補助，從今年四月至七月為限，不分國籍向本科留學生提供每月四萬八千日圓的獎學金。台灣子弟不能申請，理由一如前述，台日沒有邦交關係。

報導此事件的共同社提及：「台灣為東日本大地震提供了約一百七十億日圓的捐款，日本政府這種缺乏靈活的應對，有可能招致批評」；《每日新聞》也指出，在栃木縣有一所私立大學的台灣留學生，因資格不符無法申請，向校方提出抗議。

不過，這筆緊急獎學金還以大學院（研究所）的留學生為對象，因此有二十五名就讀東北大學、筑波大學、宇都宮大學等災區院校的台灣留學生，透過日本交流協會領到獎學金。交流協會也據此回應，指對台灣留學生實施的辦法，與文部科學省對待其他國家留學生相同。

但交流協會的回答只說了一半，台灣留學生在「本科」與「大學院」受到的差別待遇，亦即大學生被拒，而研究生可申請，並沒有真實地被呈現。根據統計，截至去年五月，日本全國共有一千八百名來自台灣的本科留學生。

台灣對東日本大地震捐款高居全球之冠，但在日本政府對災區留學生提供的緊急獎學金中，卻有台灣學子被拒於門外。說來這是極大的諷刺，但我卻不再有委屈之感。台灣人天性善良樂觀，這種受限於僵化制度的官僚作法，或許讓人氣憤，卻無礙於我們「吃人一口、還人一斗」的報恩性格。

五月間，發起在台灣媒體刊登感謝廣告的策展人木坂麻衣子到報社拜會，我曾告訴她：「日本在台灣九二一地震時曾大力捐款，這次東日本大地震，基於台日深厚友誼和人情義理，台灣人也樂於慷慨解囊相助。」

因日本政府在各國刊登的感謝廣告獨漏台灣，促使木坂發動網友募款，選擇在台灣兩家報紙刊登「我們是永遠的朋友」的廣告。其實，當時社方曾表達，身為台灣媒體的一分子，願免費提供版面刊登，不能收這筆勸募而來的錢，因為與其用以致謝，還不如用於更需要的災區。

日文的「義援金」是捐款之意，望文生義，那是有情義的援助之舉。我想像，台灣宛若是一個在暗夜中抱義而行的良善之人，縱使受盡委屈，依然無怨無悔地伸手援助，只因有恩必報。

二〇一一年七月十二日

一支女足救日本

「如果我的孤獨是魚，那巨大與猙獰，一定連鯨魚都會逃之夭夭。」伊坂幸太郎在《Fish Story》裡的經典台詞，不禁讓我聯想起甫在女足世界杯奪冠的日本隊。

《Fish Story》不是在講魚的故事，也不是吹牛皮的英文諺語，伊坂描述的是一首龐克樂曲跨越世代所產生的蝴蝶效應。三十年前的搖滾樂團，在錄製最後一張專輯時，以宛如被遺棄在時代邊緣的心情，賣力地彈奏、演唱之餘，又像披頭四一樣加入無聲空白，進而在若干年後影響一個年輕人的正義感，並且改變了世界。

我看日本女足拿下金杯的新聞，耳畔竟不知不覺地想起《Fish Story》這首歌。伊坂的小說後來被改編為電影《一首龐克救地球》，劇情有了一些微調，劫機事件變成劫船，隕石襲擊地球，則是他的另一本書《終末的愚者》的時空背景。不過，搖滾龐克換做「大和

二〇一一年女足世界杯冠軍戰，日本女子足球隊奪勝的狂喜瞬間。
（圖片提供／達志影像）

撫子」，這強烈對比的背後，卻有著巨大的生命連動。

如果一首龐克能救地球，那麼我要說的是，「一支女足救日本」，而且這個無比精彩的傳奇故事還在繼續上演中。

二十年前的第一屆女足世界杯，日本隊在小組賽遇上瑞典隊，結果被以八比〇慘遭羞辱；二十年後的第六屆女足世界杯，日本在準決賽遭逢瑞典，已非吳下阿蒙的東洋女，以三比一輕取身材高大的北歐勁敵。

締造這項奇蹟的過程極為戲劇化，彷彿是上蒼為了回報三一一東日本大地震的命運安排。在此之前，日本女足在歷屆世界杯的十六場賽事僅贏過三場，最佳紀錄是打進八強，本屆當日本隊以一比〇擊敗東道主德國，闖入四強之後，世人始聚焦這支平均身高一米六三的娘子軍。

殺入決賽的日本隊，在法蘭克福迎戰曾拿過兩屆女足世界杯冠軍的美國隊，整個經過扣人心弦。日本女足在兩度落後的情況，靠著中場宮間綾的勁射與一記妙傳，分別在正規賽與加時賽追平對手，雙方二比二踢平，最後的PK大戰，拜門將海幅步美兩次成功撲球之賜，以三比一拿下金杯，打破男、女足世界杯皆由歐美壟斷的霸業。

日本女足向來以「大和撫子」自許，代表的是日本女性的堅忍，具有這種性格的人，平時待人溫柔、行事穩重，但堅持是非、富有正義感，簡單說就是「外柔內剛」。日本女足是屬於半職業的俱樂部，女足聯賽又稱「大和撫子」聯賽。

帶著「大和撫子」精神的日本隊，在世界杯出賽期間，都要收看三一一大地震的錄影專輯，那是總教頭佐佐木則夫特地請人將災區畫面剪輯而成，那種歷經海嘯狂潮、山崩地裂導致家園斷垣殘壁的人間悲劇，成了激勵女足在球場上做殊死拚搏的動力。

就這樣，日本隊一路過關斬將，挺進冠軍戰，然後在NHK、富士等電視台收視率紛紛破表的見證之下，創造震驚全球的東洋神話。據說，美、日兩國的爭冠之戰結束之後，在推特網路上平均每秒發布的訊息流量，創下一秒內就有七千多條的歷史紀錄，就連美國總統歐巴馬也是透過推特網站向日本隊祝賀。

大和撫子的旋風席捲歐美，對飽嘗地震與海嘯苦難的日本人而言，不啻是注入一劑強心針。日本舉國上下歡欣鼓舞，女足隊返抵國門時，成田機場湧入自一九七八年開通以來記者數量最多的媒體採訪群。

即便是政治之路已走到懸崖邊的首相菅直人，也興奮地向拿下「金球獎」與「金靴獎」的隊長澤穗希請益：「身為隊長，妳團結了整支球隊，不知道我現在開始學習是否還來得及？」

東京築地市場的大辰水產批發店，一隻名叫「保羅三世」的章魚，在決賽前精確地預測日本隊會獲勝，成為繼承二〇一〇年南非世足賽預言大師「保羅」的熱門接班人之一。

還有更多隨著女足奪冠而發燒的現象，在日本各地上演。由於女足球員待遇非常低，縱使像澤穗希這樣的明星球員，年薪也只有三百六十萬日圓，還不如很多日本上班族的正常收入，因此政府表明要改善女性運動員的待遇，國家足球贊助商麒麟集團甚至宣布，要發給每位隊員一百萬日圓。

無論是伊坂的作品，或是改編後的電影，《一首龐克救地球》貫穿全場的元素是音樂，而音樂就是正義。有人說，龐克就是勇於做自己；更有人認為，龐克不過就是一種生活態度。

我想，為了夢想而犧牲婚姻的澤穗希，和其他的女足隊員們共同演出的「一支女足救日本」，其道理是相同的。她們以一生懸命的奮戰精神，向世人展現華麗的球技與堅韌的意志，那樣的蝴蝶效應，必將給日本及災區人們帶來莫大的勇氣。

就像伊坂如此寫道，「如果我的勇氣是魚，反射著陽光的河面都會由於其巨大與朝氣而更加耀眼吧！」

二〇一一年七月二十六日

革命情迷早已不再

「坦白說，我不認為革命性的改變會再度發生」，在點水樓裡，松田康博堅定地說。夏日正午時分，我們剛剛從懷寧街和公園路口並肩走入餐廳，然後他用下結論般的語氣回答了我的問題。

結束在美國耶魯大學為期一年的訪問學人之後，即將返回東京大學的松田教授，趁著假期空檔飛來台北。雖然他的研究觸角又往印度等國家延伸了，但今年三月的大地震，卻是讓任何一個身在海外的日本人，心都糾結在一起。

我問松田，怎麼看目前的日本政局？「日本，這個國家還會有迎來『第三次開國』的可能嗎？」松田認為，日本已經是一個成熟而且文明的現代化國家，不可能再度出現革命，或者一次性的巨大改變。「如果有，那將會是小的改變，是一次又一次變化的累積，無法再有一次到位的變動。」

「那就是穩定壓倒一切囉！」我帶著玩笑的口吻說。「穩定不會壓倒一切，但無論是穩定或者安定，也是一種價值啊！」松田分析，儘管歷經泡沫經濟、金融危機等長達一、二十年的不景氣，不過，以日本當前社會氛圍及政經結構，人們即使期待改變，卻未必希望因此帶來更大的不安與動盪。

換言之，人們心裡渴望坂本龍馬再世，然而，現實世界裡，要再次呈現像幕府末年或二戰敗後的革命性改變，已微乎其微。「十年前的小泉純一郎[1]是個異數」，在松田的評價中，小泉看似孤立高傲，實則絕頂聰明，懂得只選擇「郵政民營化」這項最可能實現的政治改革，而且他深諳謀略，為了理念的實踐與目標的完成，願意和敵人合作。

事實上，解散國會是首相利器，但真正的關鍵在於不受此拘束的參議院，小泉明瞭掌握參院的主導權，重要性不下於解散眾院，因而他能放下身段，拉攏竹下派（舊橋本派）出身的黨內政敵青木幹雄。

小泉的郵政改革之役，宛如呼應了一段膾炙人口的幕末歷史。脫藩志士坂本龍馬銜勝海舟[2]之命當說客，力勸西鄉隆盛推動薩摩藩與長州藩化敵為友，龍馬告訴西鄉說：「能捨棄自我，與敵方結合，才是真正強者。」「薩長同盟」能成局，兩個死對頭願捐棄前嫌、聯手倒幕，這是日本首次開國的歷史之鑰。

「假使當時自民黨沒有推動郵政民營化，你能想像現在的日本會變成什麼樣子嗎？」松田反問我。小泉之後的首相，一個不如一個，從自民黨換到民主黨，倘若當年的郵政民營化未能成功，以日本現在的政治生態、經濟體質，還有實踐的可能嗎？

在黨內已毫無人氣可言的首相菅直人，和小泉純一郎實在是天差地別的對比。十年前，當時首相森喜朗的民調低落到只有二十五％，有超過六成的民眾對森不滿意，創下歷史新高，如此亂局也給了小泉上台的機會。

十年後，除了頂著獅子頭的小泉純一郎之外，包括森喜朗、安倍晉三、福田康夫、麻生太郎、鳩山由紀夫、菅直人等六任內閣，無一不是在外界充滿期待之下上台，最終卻又以令國民大失所望收場。

我和松田的話題沒有結論，因為日本政局即使經歷過大地震衝擊，依然形同無解。菅直人的處境近乎眾叛親離，倒菅最賣力的前首相鳩山由紀夫，多次呼籲菅別再戀棧，他甚至向黨內同志喊話，希望閣員及民主黨高層集體辭職，以逼迫菅直人盡早下台。

但這仍舊無法撼搖菅直人的頑強意志，他亟思要名留青史，包括宣稱要擺脫依賴核電的

---

1. 小泉純一郎（一九四二—），自民黨政治人物，戰後日本在位時間第三長的首相，二〇〇八年退出政壇。
2. 勝海舟（一八二三—一八九九），江戶幕府海軍負責人，江戶無血開城的促成者；坂本龍馬為其門生。

談話在內，以試圖營造開創能源政策的政績，卻總是讓外界有「以拖待變」的解讀。在多數日本媒體的觀察中，菅直人是負嵎頑抗，類似下令停止核電站運轉的舉措，根本改變不了下台命運。

在六〇年代的安保鬥爭事件中，菅直人不僅是學運分子，更參與後繼的市民運動。當年的他，必然熱血沸騰、意氣風發。然而，誰能預料，昔日的新左翼領袖，在搖身一變躍居國會殿堂，乃至當家作主後，卻失去實踐動能，他的夢想或許還在，但一無是處的領導能力，已讓日本陷入難以啟齒的政治窘境。

革命真的已經不在了，菅直人回首自己的孤行身影，是否曾想起漫畫家川口開治[3]筆下的《革命情迷》？那個以東京大學全共鬥（學運組織）為故事腳本的安保鬥爭年代早已遠颺，如果還有英雄，終究也垂垂老矣。

「假如十年是一個世代，那麼日本是不是經歷了好幾個失落的世代？」松田離開時我忘了問他，不知他以為然否？

二〇一一年八月九日

---

3. 川口開治（一九四八—），日本漫畫家，擅長政治及軍事題材。

菅直人的下台身影

就像進入倒數計時一般，日本首相菅直人的下台之路也來到讀秒階段。

八月十一日，眾議院在通過公債發行特別條例當天，民主、自民及公明三大政黨也同時針對再生能源特別措施法案進行協商，菅直人自己開出的辭職條件，已逐一實現。整個日本社會矚目的首相易人及政府改組，就要正式登場了。

有如即將解甲歸田的大將軍，菅直人毫無鬥志可言。他和民主黨議員餐敘時，不再意氣風發，而是表露一副「田園將蕪、歸去來兮」之情。以「去核電化」為職志的菅直人，像洩了氣的皮球說道：「雖然有各種期待，但我只想做些生物質能源方面的事情。」

為了向黨內同志表白心志，菅直人連「身為一個前首相，希望將來能從事一些不妨礙別人的活動」的喪氣話都說出來，完全不像是還在位的政府領導人。

當民主黨幹事長岡田克也等高層開會討論，咸認應積極著手因應黨代表選舉及新政府成立時，菅直人也只是坐在一旁靜靜地聽著，像個外人似地沒有任何反應。

相較於今年六月，菅直人雖表明去意，卻未給予明確的辭職時間，進而起用細野豪志擔任核電廠事故擔當大臣，彼時的菅鬥志昂揚，打算以建立非核家園做為解散眾院舉行大選的訴求，企圖奮力一搏、爭取連任。

然而，逆轉並未出現，菅直人似乎也知道大勢已去，在決定接受下台事實的同時，他的心境有了重大轉變，那是一種重回「青年菅直人」的返祖現象。

幾天前，菅直人跑去東京都江東區有明的「松下中心」參觀節能示範住宅。在這個名為「綠色創意之家」的樣板住宅中，菅直人顯得一派輕鬆，看著書房內的家庭辦公用視訊會議系統，直說「有了這個，不用直接見面也能開會了」，語末還自我解嘲，「唯一可惜的是，不能相互為對方倒啤酒」。

「綠色創意之家」是以日本常見的四口之家為標準進行設計，大約建坪五十二坪（一百七十平方公尺）的兩層樓建築。從電視機、洗衣機到通風、照明系統，所有家電都體現「綠色環保」概念，由於全部能源是透過燃料電池、太陽能及蓄電池提供，因此得以實現二氧化碳零排放的目標。

菅直人對此心嚮往之，他跟媒體說：「樣板屋充分展示未來節能的趨勢，以及發展再生能源的無限可能。」可以想見，在首相生涯的尾聲，菅直人念茲在茲的，還是因東日本大地震而催生的「去核電化」之夢。

不只是實地走訪節能樣板屋，八月十六日傍晚，菅直人突然現身東京八重洲的書店，然後駐足在陳列與核能有關的書架前良久。根據日本媒體報導，菅直人買了五本書，其中，包括《緊急解說！福島第一核電站事故與輻射》、前福島縣知事佐藤榮佐久的《知事抹殺》（佐藤對國家核能政策的看法與中央相左）。

下台在即的菅直人，居然還有閒情逸致去買書，而且還向媒體預告「屬於讀書季節的秋天就要到來了」。其實，這是菅直人向日本社會發送的最後訊息，一如他在眾院決算監督會議上的告白，「我已經做了身為內閣該做的事，不會感到遺憾與後悔。」

菅直人去職既成定局，民主黨內隨之掀起一波黨魁爭奪戰。是否與自民黨、公明黨籌組大聯合政府，以及要不要拉攏最大派閥龍頭小澤一郎的支持，成為這場爭鬥的兩個關鍵。倡議聯合執政的聲音，源自在野黨擁有參議院多數席次，菅直人任內之所以舉步維艱，與失去參院主導權有密切關連；而黨內有意問鼎黨代表者，也有不少人記取菅內閣的教訓，競相向小澤示好，只為爭取小澤派的挹注。

但這是一個兩難的選擇，與在野黨分享執政，親小澤的人馬大有意見，拉攏小澤一郎，不僅在野的自民、公明兩黨冷嘲熱諷，就連民主黨內的反小澤派也無法接受。

不過，對菅直人而言，已經不需要再為此傷透腦筋。民主黨究竟該如何面對「去小澤化」的考驗，那是逐鹿中原的各路頭頭要做出的抉擇；與在野黨的互動，以及該怎麼打開參院的僵局，那也是下任首相的課題了。

九月之後的東京，是否天涼好個秋，或許不是那麼重要，但卸任首相之後的菅直人，想必會在書堆裡找到他的非核夢，那是他的「黃金屋」，也是他的「顏如玉」。

人總是這樣，唯有經過屈辱、飽嘗挫折，才能體會「知足不辱、知勢不折」的道理。

二〇一一年八月二十三日

泥鰍也能躍龍門

「你認為，財相野田的實力如何？他已經表態了，贏得首相的機會大不大？」我問來訪的日本友人，「不可能，野田那個樣子，望之不似人君！在民間沒什麼人氣。」啜飲一口沁涼的烏龍茶，友人很篤定的說道。

我的朋友可能做夢都想不到，就是因為相貌長得平庸乏味，「望之不似人君」，才能在海江田萬里[1]與前原誠司兩強對峙的夾縫中勝出。當「親小澤派」與「反小澤派」兩股勢力各自集結，準備展開對決之際，五十四歲的野田佳彥，卻像泥鰍一般從派閥泥沼裡突然鑽出，而且縱身躍過龍門。

1. 海江田萬里（一九四九—），日本民主黨政治人物，前經濟產業大臣。

野田佳彥。　（圖片提供／達志影像）

野田之所以能擊敗「闇將軍」小澤一郎支持的海江田，以及同屬松下政經塾出身的戰友前原誠司，並非歷史的偶然。根據香港《亞洲周刊》引述民主黨幹事長岡田克也的解讀，直指這是一個完全按照黨內外情勢要求編撰而成的「劇本」。

其實，所謂「劇本」說穿了，不過就是一場充滿爾虞我詐的權謀攻防。手寫「忍」字而聲名大噪的海江田，儘管獲得小澤、鳩山等大老力挺，但是在與前原正面交鋒之後，卻落得兩敗俱傷，給了反小澤陣營的溫和派野田出線機會。

據說，在五人角逐黨魁一役中，菅直人、岡田等主流派很早就設定好對小澤派的包圍網，作風樸實但卻能言善辯的野田，始終是他們屬意的頭號接班人。當民意支持率遠在眾人之上的前外相前原決定出馬時，反而意外地讓野田的黨魁之路獲得掩護。

因為鋒芒畢露的前原，過於強勢且倉促備戰，中間派系在擔憂小澤「垂簾聽政」情況下，遂於第二輪投票時湧向野田。當然，與野田系出同門的前原，在決戰前夕即商定，無論誰出線與海江田對決，都會將旗下派系選票奧援對方，這個「野田・前原組」的結盟默契毋寧也是雙方勝負關鍵。

早稻田大學政治科班畢業的野田佳彥，看似其貌不揚，卻是雄才大略、深謀遠慮，他說：「我的父母都是農民出身，只要看我這張臉，就知道不屬於城市派，成不了魚缸裡漂亮的金魚。我就是泥鰍，充滿土味卻自有一番泥鰍品味。」

野田引用詩人相田光男[2]詩作《泥鰍》自況，其中「泥鰍是假裝不了金魚」的詩句，被政界認為意有所指，亦即他是貌不起眼的泥鰍，而人見人愛的「金魚」則是一表人才的前外務大臣前原誠司。

大智若愚的野田，展現「恬恬吃三碗公」的本領。他的父母都是來自貧困農家最小的孩子，當年結婚時連婚禮也沒辦，飯桌還是以行李箱克難地將就使用。因此，野田很清楚自己沒有任何背景，遑論有政治靠山可言。

一九八〇年從早大畢業後，野田旋即考入松下政經塾，成為第一期研修生。在這個「政治家搖籃」五年的訓練過程中，野田嘗過許多磨練，包括送報給「經營之神」松下幸之助在內，逐漸展現他苦幹務實的政治風格。

兩年後，二十九歲的野田佳彥當選為千葉縣史上最年輕的縣議員，從一九八六年初出茅廬至二〇一〇年擔任財務大臣為止，二十四年來，野田幾乎從未間斷清晨在車站前向上班族宣傳政治理念的生活模式。

這種唐吉訶德般的精神，為他留下「車站前留學有NOVA（現已倒閉的連鎖英語教室），車站前演說有NODA（野田）」的有趣註解。如今，這個軍人子弟（父親曾為陸上自衛隊第一空挺團軍官）竟然能成為日本第九十五代第六十二位內閣總理大臣，不僅大爆冷門，也應了那句「天公疼憨人」的俗諺。

不過，橫亙在野田眼前的挑戰依然嚴峻險惡，他的「泥鰍內閣」雖注重派系平衡，也不乏論功行賞的安排，但地震海嘯與核災事故的災後重建，仍是一個燙手山芋，加上臨時增稅、日圓升值等財經問題，以及錯綜複雜的外交事務，都是讓野田傷透腦筋的考驗。

野田的勝出，被標記為民主黨內「世代交替」時代的來臨。過去由小澤一郎、鳩山由紀夫、菅直人領導的「三頭馬車」體制已瀕臨瓦解，取而代之的是野田佳彥、前原誠司和在震災中表現突出的前官房長官枝野幸男等「新三巨頭」。

這些正值四、五十歲之齡的少壯派領袖已經站在最前線，他們不僅歷任要職，也沒有世襲包袱，反對官商勾結的腐敗政治。對兩年來飽嘗波折的民主黨政權而言，在十二號颱風中上路的「野田內閣」，正為該黨迎來一個歷史的轉折點。

野田曾說，他深愛牽牛花，特別是那種歷經黑夜寒霜，然後在清晨陽光中綻放的美麗。這番話讓我想起朋友跌破眼鏡的嘲諷，看來牽牛花開在牛墟豬舍旁，泥鰍在泥濘中匍匐前進，英雄不怕出身低，還真是顛撲不破的世間真理哪！

二〇一一年九月六日

---

2. 相田光男（一九二四—一九九一），日本詩人、書法家，詩文多自省、勵志之內容。

泳渡黑潮的島嶼民族

六名日本年輕人從沖繩縣與那國島出發，預定在四十八小時內，以接力游泳的方式，游到一一〇公里外的台灣蘇澳。他們身上帶著岩手、宮城、福島東北三縣知事寫給台灣人民的感謝信，儘管第十五號颱風（洛克颱風）環流正在逼近中，海象波濤洶湧，卻擋不住內心澎湃的使命感。

這是一項充滿友愛與信任的壯舉，為了回報台灣在東日本震災中慷慨解囊的情義，六泳士以自我挑戰的精神泳渡黑潮。擔任信差之一的中央大學三年級學生山田浩平，老家在福島縣相馬市，他說，「雖然會擔心海浪，但我能做的就是游泳，盼能讓世人看見災區的勇氣與希望。」

我在閱讀這則新聞的同時，一個好友剛好捎來他為女兒送行的家書，那是他與遠赴南美洲擔任國合會志工的女兒的深情對話，我在信的字裡行間，不僅看見一位父親對女兒的牽掛、鼓勵與祝福，也發現一顆許多台灣人都有的樂於濟弱助貧的良善之心，以及一種勇於冒險、不畏艱難的海洋精神：

女兒，不要懸念父母。這是成長的必經，遠行是最有效的挑戰和考驗，兩年後妳翩然歸來，不僅豐富滿行囊，也更確立人生的目標，體會生命的終極意義。

女兒，不要懸念父母。妳之所以比二十三歲的同儕敢於闖蕩，是因妳十八歲生日的巴黎之旅，開啟了妳的視野，見識了世界的遼闊與壯麗，三大洋五大洲的精彩，吸引妳去探索和好奇。

女兒，不要懸念父母。妳的悲天憫人性格，本就承繼父母的DNA，我們這一代沒有機制和環境，你們這一代已海闊天空，翱翔到可以奉獻的角落，妳的力量或許微薄，卻是人類最可貴的付出。

女兒，志工絕對是神聖的光環，若有人以經濟收益藐之，妳不必介意，那是不同的人生，在追求不同的意義，弱勢不必分膚色、種族或信仰，成就的大愛，是人類普及文明最重要的推力。

女兒，妳生長的島嶼，物質水平已到豐衣足食，故有餘力濟助衰弱國家，但我們的土地仍然前途多艱，外交困境很難突破，妳要隨時惦記，妳是台灣好女兒，要在外人面前榮耀妳的家鄉，就像榮耀妳自己。

女兒，不要懸念父母，也不必懸念阿嬤、家人和弟弟，妳的遠行，我們除了喝采的掌聲，就是永遠的支持與鼓勵。

在展讀好友來信的當下，我想像，他的女兒已經在萬里之外的藍天上空，接著得先在瓜地馬拉接受為期六周的海外語言訓練，再飛往巴西聖保羅轉機，前往巴拉圭亞松森報到。對一個放棄四技升學機會的護校女孩而言，這一趟為期二年的海外志工，那是多麼不容易的人生選擇啊！

然而，也就在此時，六個日本年輕人游向大海，從國境之西出發，橫渡世界最壯闊雄偉的洋流，然後在民風純樸的小鎮登陸，以史無前例的泳渡創舉，向台灣傳達來自東北災區最真誠的謝意。

帶著報恩心情的六泳士，遠赴異鄉奉獻的小護士，這原本是兩件事，卻深深地感動著我。我始終覺得，雖然台灣是一個移民社會，但樸實善良的人民性格卻渾然天成，讓台灣人懂得知恩圖報、熱心助人，即使世界很多國家沒有承認我們，但台灣人卻以行善的力量跨越國界藩籬，讓世界看見台灣。

這不僅可以回答，為何在美國《時代雜誌》連續兩年選出全球最具影響力的百大人物中，代表台灣先後入選的是菜販陳樹菊、慈濟證嚴法師；當然也足以印證對於比鄰的東日本震災，台灣的捐款為何位居全球之冠，令世人讚嘆。

不是台灣人比較富有，也不是獨厚曾經對台灣有過殖民統治經驗的日本。事實上，無論是南亞海嘯、汶川地震，乃至於遠在地球另一端的非洲、中南美洲，任何的災難之境、窮困之土，台灣人一直都是有錢出錢、有力出力，愛心從來不落人後。

這是島嶼民族的特性，在地震、颱風頻繁的天災中奮力生存，在戰爭動亂交替的苦難中堅強成長，那樣淬鍊出來的生命力，看似樂天知命，實則積極進取。深諳有恩必報之理，卻又不會堅持要以怨相待。

日本是全球的援外大國，但卻背負著一個戰敗國在復甦後對世界的救贖之責；台灣卻不一樣，吳濁流筆下的「亞細亞孤兒」，總是憑靠著民間涓滴匯聚而成的大愛，走向世界各個悲苦角落。

如果泳渡黑潮需要勇氣與希望，那不就是早已深藏在台灣人血液裡的DNA，而且世世代代流淌四百年了！

二〇一一年九月二十日

撫慰人心的歌聲

京都嵐山有一座「美空雲雀紀念館」，正對著館門前種著一棵蘋果樹，藉以紀念她膾炙人口的代表作〈蘋果花〉。十七年前，初次到日本自助旅行，我偕同友人曾走訪過，那時美空雲雀過世沒幾年，紀念館剛開幕，熱情的粉絲前往朝拜，顯得門庭若市。

對我而言，美空雲雀是父親他們那一輩的偶像，台語歌手陳芬蘭唱〈孤女的願望〉就是改編自她的〈花笠道中〉，那是早年響遍大街小巷的台灣歌謠。在加工業興起帶動台灣經濟起飛的時空背景下，接受美援的台灣，跟隨著日本戰後復甦的腳步，也進入一個物資極為匱乏、生活普遍艱困，但人們卻因認真打拚而對未來充滿希望的美好年代。

當年的美空雲雀紅遍半邊天，她與石原裕次郎同被視為日本戰後最具代表性的演歌天才，翻唱她的歌而走紅的陳芬蘭，也因此被形容為「台灣美空雲雀」。我那做黑手的父親和在家刺膨紗（打毛線）的母親，都是陳芬蘭的粉絲，而仍是孩童的我，則是從一個有拉門裝置的黑白電視機裡認識了美空雲雀和她的分身。

下個月十一日，一場為支援東日本大地震災民而辦的「美空雲雀紀念演唱會」，將在東京巨蛋舉行。這是第二十三回的美空雲雀逝世紀念公演，預計有十六個歌手和組合要在演唱會登台亮相，包括五木宏、小林幸子、平原綾香、鄉廣美、平井堅、倖田未來及AKB48、EXILE等流行組合。

這些歌手將各自演唱與美空雲雀有交集的歌曲。美空雲雀一生共錄製一千五百首歌曲，出版一千零四十七張唱片，足夠讓後人不斷的傳唱，而她對歌壇後輩的深遠影響，時至今日，依然被津津樂道。尤其是因年少出道時遭大牌歌星打壓的不愉快經驗，讓她在成名後從不禁止別人唱她的歌。

然而，東京巨蛋演唱會之所以要為災民開唱，卻是有前因的。今年七月間，在福島縣相馬市曾舉辦一場「美空雲雀慈善影片演唱會」，這場免費的影片演唱會，是特地為災區的老人舉辦，因為美空雲雀的歌聲是他們所熟悉的記憶，那是曾陪伴他們度過戰後窮困年代的人間天籟。

負責策劃演唱會的靈魂人物，其實是一個籍籍無名的搖滾樂團「HEATWAVE」團長山口洋，他跑去找美空雲雀的長子加藤和也，同時也是「雲雀事務所」的社長，建議他在災區舉辦演唱放映會。

與山口洋是初中校友的共同社編輯大本一彰，記錄了大約三百位災區老人觀看放映會，據說很多災民激動地落淚，有人說「住在安置點，身體一直很不舒服，但是今天卻消除了麻木感！」大本認為，最受感動的是山口和加藤，而且是一個無名歌手的熱情感染了很多人，匯聚成一股善意的暖流，進而促成在東京巨蛋舉辦紀念演唱會這樣的義舉。

大本還描述了一段山口的談話，令人讀來感動不已，「我們站在歷史上很重要的轉折點。總有一天，人們會回顧當時我們是如何行動的。不要說『一個人不能做什麼』。一旦自己認定不可能，我們就不能做任何事情了。如果不想在臨終時感到後悔，就請大家開始做自己能力所及的事。」

一九六五年十月，美空雲雀曾來台公演，地點就在國賓大飯店，一連五天的演唱，展現了她「音調哀愁」的歌唱風格。那是一個「昭和歌姬」首度襲台的年代，離我甚為遙遠，大概只有我父執輩們才有的印象，而且相隔四十六年之久，如果還有記憶，似也模糊了。

不過，美空雲雀對戰後的日本社會貢獻良多，確是事實，這也讓她成為第一個被授予國民榮譽賞的女性。在戰後社會大恐慌之際，美空雲雀的歌聲撫慰了許多受傷無助的人，不僅激勵民族的自信心，也鼓舞人們面對未來的希望。

一個搖滾歌手，一個歌姬之子，他們攜手合作，讓災區有愛、有希望，連孤苦無依的老人心靈也都獲得了慰藉。我試著想像那些畫面，災區老人心中「永遠的歌姬」，唱著一曲一曲動人的演歌，讓他們忘卻了失去親人的哀慟，揮別了流離失所的沮喪。

就像美空雲雀唱的〈蘋果花〉一樣，花兒謝了，明年還是會再開花、結果，日子不僅要過下去，而且一定可以找到重生之路。那是美空雲雀留給世人的資產，歌聲裡有堅定無窮的力量。

二〇一一年十月四日

日本外交雙箭頭

剛結束東南亞之行的日本外相玄葉光一郎，在雅加達評價此行成果時宣稱，「日本已在亞太地區建構以民主價值為支柱的穩定秩序中邁出第一步。」玄葉分別走訪新加坡、馬來西亞及印尼，他對自己在東協外交的處女作，顯然是滿意的。

東南亞是日本存亡之所繫，因為沿著台灣海峽、巴士海峽一路南下，穿越狹窄的麻六甲海峽，進入遼闊的印度洋，以迄石油產地中東的航線，向來被日本視為存亡絕續的「海上生命線」。

其中，麻六甲海峽更居關鍵，日本每年從中東、非洲進口的石油，都必須行經此地。玄葉光一郎在馬來西亞的訪問，看似在為大馬興建新一代環保城市等基礎建設，宣傳日本企業參與的好處，實則卻是為深化一個海洋安全合作的框架協議而奔走。

至少北京方面是如此解讀玄葉的外交行，中國外交部副部長崔天凱在評論時即不客氣地說，「日本應該考慮到什麼才是日本真正的利益」，這番話不無警告意味。對明年將逢四十周年的日中關係正常化而言，玄葉應當明瞭中方的弦外之音。

四十七歲的玄葉光一郎，是日本戰後最年輕的外務大臣，但他從無外交經驗，九月「野田內閣」成立之際，這位長相不俗的民主黨要角出任外相一職時，幾乎是跌破永田町的一票政治觀察家。

不過，六連任的玄葉畢竟是政治老鳥，他很快就進入狀況，先和美國國務卿希拉蕊舉行會談，確認美日同盟為日本生存賴以維繫的基石。繼之訪問南韓，與外長金星煥會面。接著就是最近剛落幕的東南亞三國之旅，隨後他還將前往北京，為首相野田佳彥十一月的訪中之行鋪路。

儘管是新人上任，但玄葉的外交布局卻是有條不紊地推展，以同心圓的策略，由內而外地的依次進行訪問。這或許是歷任外務大臣都可能依循的途徑，但毋寧也是外務省官僚適時發揮賢內助的角色使然。

野田當初選擇玄葉擔任外相的重要理由之一，在於玄葉未曾從事過任何與外交相關的工作，包括沒有參加過日美、日中友好國會議員聯盟，或者發表任何對美、對中的言論在內。這樣一張在外交領域上毫無紀錄可尋的白紙，竟被延攬出任外相。一個以日美同盟為主軸且強化亞洲民主國家合作的「玄葉外交」，正在悄悄地形成中，而這個日本新外交戰略，無疑是以制衡崛起的中國為潛在目標。

但玄葉並非沒有挑戰，以日韓關係為例，雙方在日軍慰安婦賠償請求權一事，分歧依舊很深，在竹島（韓稱獨島）主權問題上也無法獲得突破。玄葉與金星煥唯一獲得的共識是「日韓彼此擁有生死攸關的利益」，然而，這種共識不過是外交辭令。

日本媒體咸認，玄葉眼前最大的考驗是如何解決美軍普天間基地[1]的搬遷，以及加入「泛太平洋戰略經濟夥伴關係協定」的談判，這些都是前人留下來卻也相當棘手的難題。別忘了，還有一個已經成為世界第二大經濟體的中國，它的國力與日俱增，而日本未來的增長卻是對其依賴日深。

玄葉的外在考驗頗為嚴峻，而他對內還有一位既是同志也是對手的競爭者，現任民主黨政調會會長前原誠司。這位最具人氣與政治實力的「日本布萊爾」，即使在秋天的民主黨黨魁之爭與首相寶座擦身而過，但沒人會忽略，有朝一日他必將入主永田町的可能。

前原是旗幟鮮明的親美派，他是日美關係的捍衛者，在外交上的著力甚深，甚至儼然是民主黨外交的第一把手。當玄葉訪韓的前腳剛走，前原的後腳隨即到了首爾，黨內有人形容野田內閣已陷入二元外交，不過從另一個角度看，玄葉與前原也可以形成日本外交的雙箭頭。

玄葉與前原可謂系出同門，兩人皆是松下政經塾第八期的塾生，野田則是第一期畢業的學長，若說當今的日本政府是「松下幫」當家，一點都不為過。野田、前原及玄葉皆出身松下政經塾，他們理念相近、意氣相通，在「反小澤一郎」戰爭上無役不與，建立一定的革命情感。

以「不失恆心」作為座右銘的玄葉光一郎，來自東北災區福島縣，但他不像野田出身自衛隊家庭，或是如前原與寡母相依為命，他的祖父、外祖父都當過町長，岳父佐藤榮佐久更曾任參議員和福島縣知事。換言之，玄葉多少有政治世襲庇蔭。

初掌外務省的玄葉，馬不停蹄地在國際舞台露臉，他是繼前原之後另一個日本民主黨帥哥，但政治不能只靠臉蛋，以前首相石橋湛山[2]、二戰英國領袖邱吉爾為師的玄葉，若能從兩位已故前輩的政治信念、外交手腕習得真髓，說不定可以後來居上，超越他的松下同窗。

二〇一一年十月十八日

1. 普天間基地，位於日本沖繩縣宜野灣市的美國海軍陸戰隊基地。
2. 石橋湛山（一八八四—一九七三），日本政治人物，提出「小日本主義」、放棄殖民地等主張，戰後曾短暫接任內閣總理大臣。

泥鰍首相深陷ＴＰＰ困境

日本首相野田佳彥終於決定，在即將於夏威夷登場的亞太經濟合作會議（APEC）高峰會上，針對加入「泛太平洋戰略經濟夥伴關係協定（ＴＰＰ）」的談判，與新加坡總理李顯龍舉行會談。這是野田極為重要的外交挑戰，影響所及，將衝擊民主黨政權的存亡甚至日本的未來。

身為今年亞太經合會的東道主，美國歐巴馬總統早就有所盤算，他在去年的峰會提案，主張在二〇一一年的亞太經合會峰會通過並且宣布ＴＰＰ（Trans-Pacific Strategic Economic Partnership Agreement）綱要，大力催生一個環繞太平洋地區各經濟體的「亞太自由貿易區」。

美國不是ＴＰＰ的發起國，原始倡議的四國汶萊、智利、紐西蘭、新加坡，都稱不上是經貿大國，更不要說有「喊水會結凍」的實力。但從美國開始積極與東南亞國協成員國展開協議之後，這個自二〇〇五年成立的區域性經貿整合，已經逐漸產生滾雪球的作用。

然而，一如絕大多數的自由貿易決策，野田內閣決定加入TPP的談判，也面臨來自內外的強大壓力，全球化趨勢雖不可擋，但區域保護意識卻又方興未艾。在野田宣布加入TPP之前，日本全國農業協會（JA）等農民團體才在東京走上街頭，大型拖拉機、卡車紛紛出籠，前往中央政府部門所在的霞關及銀座鬧區遊行。

農民的訴求很單純，就是憂心日本加入TPP之後，隨著撤銷關稅、開放進口等政策，恐將對國內農業造成難以預料的影響。北海道的農協幹部直言，「加入TPP勢必無法和農林漁牧業的振興共存，屆時整個東日本災區的重建工作也會雪上加霜。」

擔憂的不只是農民團體，全國町村聯合會也拜會農林水產大臣鹿野道彥[1]，會長藤原忠彥警告鹿野，「加入TPP將導致地方經濟與日本社會的崩潰」，他質疑政府密室作業，在沒有提供完整訊息的情況下，令地方難以接受，遑論官民之間完全缺乏一個可以對話的平台。

政治上的杯葛也不難預見，全國農協公布連署反對TPP的國會議員多達三百五十六

1. 鹿野道彥（一九四二—），日本民主黨政治人物，歷任眾議院議員、農業水產大臣、總務廳長官等職。

人。根據媒體調查，全國四十七個知事（一都、一道、二府、四十三縣）中，表態贊成者僅六人，反對與保留意見者占了絕大部分。

堅決反對的一方多半認為，加入一個零關稅的TPP，必然傷及做為國家之本的農業；但力挺加入的一方則主張，不能在全球化進程中落隊。換言之，以製造業為主的地區和農業發達的地區形成對峙，而呼籲重視經濟競爭和疾呼保護農業的兩派聲音則展開拔河。

身處在震盪之中，民主黨內部也出現贊成與反對兩派爭論。前農相山田正彥等人建議將加入TPP的談判推遲至亞太經合會之後，但野田不為所動，儘管力主暫緩的黨內意見，抬出「海外廉價產品進入日本市場將引發通貨膨脹」的憂慮，然歐巴馬設定的時間在即，已不容等待、蹉跎。

野田還沒宣布之前，美國貿易代表柯克（Ron Kirk）在華府即表露催促之意，他說，美國不能為了等待日方做出決定而放慢目前的作業腳步。不過，柯克還意在言外地說，前首相菅直人在去年就表示有意加入談判；對於決定一拖再拖，他看似體貼地緩頰，「災後恢復總是需要花點時間。」

與其說這是美方的耐心，還不如說是老大哥的算計。因為搭建一個可以和中國市場分庭抗禮的亞太經貿區，始終是美國的如意算盤，而這個算盤不能少掉亟思從經濟衰退的泥沼中走出來的日本，甚至可以說，美國老早料定日本需要TPP。

內閣官房長官藤村修與前來說項的社民黨黨魁福島瑞穗晤談時，就不小心說溜嘴。福島希望野田政府能暫緩決定加入談判，藤村解釋「即使參加談判也可以中途退出」，但旋即又說，「考量日美關係非常重要，應謹慎對待。」

美國深信在十年內，亞太經合會的成員國都會爭相搶搭TPP這班順風車，除了華府企圖加強在亞洲的領導地位之外，還有更多國家想擺脫對中國的依賴。但泛太平洋地區各個經濟體之間的落差太大，這使得TPP的實踐難度遠勝雙邊的自由貿易協定（FTA）。

冷眼旁觀的自民黨，不是沒有看見野田政權此刻所遭逢的考驗。就在野田決定加入談判的同時，自民黨也成立一個由前首相組成的顧問團，準備就重要政策、提前解散眾院舉行大選等議題擬定戰略，為下一階段的奪權行動籌謀獻策。

這個直屬自民黨總裁的諮詢機構，除了已退出江湖的小泉純一郎缺席之外，包括森喜朗、安倍晉三、福田康夫、麻生太郎等四位曾任首相的政治家都將與會，共同輔佐黨魁谷垣禎一。

四個首相級的政治人物齊聚一堂，有如亮出四張Ace，野田既要搞定內外交迫的TPP，又得面臨四個A咖的圍剿，看來這一陣子「泥鰍首相」有得忙了。

二〇一一年十一月一日

和牛準備上桌了

「日本不得已，從一開始就坐到談判桌旁」，對於首相野田佳彥表態加入「泛太平洋經濟戰略夥伴關係協定（ＴＰＰ）」的談判，東京都知事石原慎太郎做了這樣的註解。

儘管國內雜音不斷，野田仍然照表操課，在亞太經濟合作會議（APEC）峰會前夕，正式宣布日本將加入ＴＰＰ談判，與包括美國在內的ＴＰＰ成員國展開協商。石原向來跟中央唱反調，這回依舊站在反對立場，不過他卻說了一個野田沒有說出口的事實。

石原認為，日本加入ＴＰＰ談判是「不得已」。言下之意就是形勢比人強，而這個形勢指的是由美國領軍的「亞太自由貿易圈」正在逐漸形成中，與美國同盟的日本有那麼一點「人在江湖、身不由己」的味道。

這是國際政治的現實。前國土交通大臣馬淵澄夫在沖繩的一場演講裡直言，野田首相是為了堅持日美同盟的主軸而加入TPP的談判，換句話說，優先考慮的是日美關係而非經濟。

馬淵也好，石原也罷，其實都是道出野田政府別無選擇的政治決定。

在失去「雁行理論」中領頭雁的地位後，日本早已明瞭自身實力的侷限，那不僅是對過往追逐「世界第一」的徹底幻滅，也有對中國崛起及海陸強權爭霸態勢的深刻體認。

日本曾經因「脫亞入歐」走向強國之路，但隨著中國、印度及東協等象徵新興亞洲勢力的抬頭，「重返亞洲」成了日本產官學界關注的顯學。尤其是從「世界工廠」蛻變為全球主力市場的中國，以驚人速度成長的現實，更讓經濟衰退的日本百味雜陳，也令太平洋彼端的美國感到芒刺在背。

這正是野田宣示加入TPP談判的重要背景。野田強調，為了貿易立國，發展具有活力的社會，必須抓住亞太地區成長的勢頭，其道理也在於此。由於美日雙方禍福相倚，因此當中國躍居世界第二大經濟體且積極發展海軍突破第一島鏈之際，TPP遂成為美日希望之所繫，藉以維持同盟在亞太地區的政經利益。

標榜廢除關稅以達成高度自由貿易合作的TPP，其實是為了取代原本就鬆散、效率不彰的APEC，不過，美國力推TPP的背後，卻被視為意在對中國形成包圍網，而東協各會員國之間對此卻是存有疑慮的。

例如新加坡總理李顯龍就在APEC峰會上提醒美國，不應一直將矛頭指向中國，因為在不滿中國巨大貿易逆差的同時，別忘了美國企業也在中國市場獲利。

日本不也是如此。然而，比圍堵巨龍更嚴峻的課題卻是來自談判對內造成的衝擊。野田一宣布加入TPP談判，美國貿易代表柯克隨即表達美日雙方應針對開放美國牛肉、汽車市場及重新審查日本郵政優惠政策等懸而未決的貿易問題進行協商。

天下沒有白吃的午餐，雖然打不贏就加入對方，放之四海皆準，但真的坐上談判桌，重重考驗才會跟著到來。

石原慎太郎就向野田示警，TPP將會迫使日本修改基因改造食品的標示規定，屆時必然威脅食品安全，他反問，如果日本人的飲食乃至生命安全要美國人負責，天底下有這麼愚蠢的事嗎？

事實上，TPP不只是關稅問題而已，它涵蓋的領域極為廣泛，除了各國普遍憂心的農業首當其衝之外，舉凡金融、醫療、服務業、工商投資、智慧產權甚至公共建設，無所不包，宛若小型的世貿組織（WTO）。

要加入這場談判，必須清楚掌握國家未來的走向，讓人民明確知道以TPP為軸心，已失落一整個世代的日本，該何去何從，而那需要凝聚朝野共識，團結國民意志。

二次戰後的日本，曾經憑藉一流的技術實力與品質管控，在汽車出口、電器用品等產業上席捲全球，創造令世人驚嘆的經濟奇蹟。但現在的日本，長期飽嘗經濟疲弱不振的苦果，面臨美中兩強的角力，處境更為艱難，如何為憂鬱的大和民族找尋出路，刻不容緩。

對已換了第三任首相的民主黨政權而言，加入TPP談判是為遭逢東日本大地震之後的島國，開啟了一扇「機會之窗」。但是機會可能稍縱即逝，野田無視強大的反對聲浪，毅然決然地坐上談判桌，必是抱定就賭這一把的信念。

日本人一向對他們本土飼養的食用肉牛（又稱和牛）感到自豪，松阪牛、神戶牛等知名品種都被視為日本料亭的頂級食材，不過，在未來加入TPP漫長的談判過程裡，嬌嫩的和牛終將面臨來勢洶洶的美牛挑戰。

可以想見，那將是一場慘烈無比的戰爭，對日本社會的震撼程度，恐不下於一百五十多年前的黑船事件。

二〇一一年十一月十五日

關西大阪城之戰

橋下徹[1]終於贏了。

兩個禮拜前，一位長期駐日的友人說，有一次她去大阪出差，問起計程車司機，對大阪府知事橋下徹辭官參選大阪市長的看法，結果司機先生不僅表態支持，還認為橋下當選的機率很高。

一如台灣街頭的政論家，運匠朋友果然料中關西政局的大變動，四十二歲的橋下徹又再度改寫歷史，除了為日本各府道縣與政令城市關係的重新定位投下變數之外，也對明年的眾議院選舉帶來難以預料的影響。

日本一級行政區域分為一都、一道、二府、四十三縣，根據《地方自治法》規定，人口超過五十萬得由政府以行政命令指定為政令市。目前除東京都之外，全國府道縣轄下共計有十九個政令指定都市。

一般而言，政令城市擁有來自府道縣下放約百分之八十的權利，這使得兩者關係相當微妙。以人口約八百八十萬的大阪府為例，大阪市既是府廳所在地，人口也有二百六十五萬，占了近三分之一的大阪府版圖，這種「府中有市、市中有府」的現象，若出現黨同伐異的問題，麻煩就來了。

三年前，橋下徹以旋風姿態當選大阪府知事時，曾在日本政壇掀起話題。他以律師兼電視藝人的雙重身分擊敗民主黨推薦的學者，成為日本最年輕的知事，繼之在施政上又大刀闊斧、勵精圖治，終於卯上了大阪市長平松邦夫。

六十二歲的平松邦夫不是等閒之輩，四十年前，從同志社大學法律系畢業後旋即進入每日放送（ＭＢＳ，總部位於大阪，隸屬ＴＢＳ集團），並且逐步從記者、北美分局局長、電視主播一路爬升。四年前，他辭去董事會的職務參選市長，一戰成名。

由於大阪府與大阪市的扞格不斷，倡議「大阪維新」的橋下，決意推動府、市合一為「大阪都」的構想。值得一提的是，二〇一〇年九月，橋下首次率團到台灣訪問，就是為了觀摩縣市合併而來，當時他即主張大阪府、市應該合併，以提升城市競爭力。

1. 橋下徹（一九六九—），日本政治家，亦是律師、藝人。前大阪府知事，現任大阪市長。

橋下徹（左一）。　（圖片提供／達志影像）

從台灣取經回來後，橋下對合併之議更感迫切，以他為首的「大阪維新會」決發動一場史無前例的革命。橋下宣布辭職，轉戰因任期即將結束而改選的大阪市長，促使大阪府知事與大阪市長同步進行選舉。

橋下此舉不啻是場豪賭，為了終結平松及其背後不分黨派支持的政治勢力，他選擇辭去知事改選市長一途，假使是在台灣，這就像辭掉縣長去參選縣轄市長，毫無道理可言。但「不按牌理出牌」正是橋下的風格，他自己出馬選市長，也要四十七歲的「大阪維新會」幹事長松井一郎選知事，兩人聯手出擊，展開震撼關西的大阪雙城之戰。

橋下徹單槍匹馬出城對決平松邦夫，而接續守城的松井，卻遭逢多達六人角逐的亂局。就這樣，大阪市長選舉是楚漢相爭，大阪府知事改選則出現戰國七雄。由維新志士策動的近畿戰役，很快地形成焦點，而「反維新」人馬的集結，也以排山倒海的姿態到來。

對日本傳統政黨而言，橋下徹領軍的「大阪維新會」宛若脫韁野馬，不知要搞出什麼模樣的改革，因此包括民主黨、自民黨甚至共產黨都不約而同地力挺平松邦夫，我的朋友形容那綿密交織而成的圍攻，根本就是一張「毀滅橋下」的火網。

但橋下認為，大阪府、市疊床架屋，浪費民脂民膏，早就該學台灣縣市合併的五都經驗。橋下這番言論引起各政黨疑慮，平松更是怒指橋下打算將大阪市五馬分屍，為了「搶救大阪市」，橋下成了眾人所指的獨裁者。

這下子，大阪市長一役成了金庸筆下的光明頂之戰，各大門派為了消滅橋下，無不傾巢而出。朋友寫道，就連關西電力公司也支持平松，原因不僅是擔心主張非核家園的橋下當選，還有大阪府是關西電力最大股東的緣故。

然而，將橋下妖魔化的結果，反倒刺激了大阪市民的投票率及支持態度，讓橋下獲得壓倒性的勝利。市長選舉投票率為六〇．九二％，較四年前暴增一七．三一個百分點，橋下大勝平松二十三萬票，殺得對手片甲不留。連帶地，松井在知事改選中也輕鬆過關，以八十萬票差距重挫民主黨與自民黨聯合支持的候選人。

所有的政治都是地方政治，維新會在大阪城的雙重勝利，勢將衝擊沉悶的日本政局。橋下誓言要從地方包圍中央，要以大阪革新來改變日本，這個施政滿意度高達八成，和老婆生了七個孩子的關西政壇一哥，揮師東進之日，看來已不遠了。

至於那些兵敗近畿的政黨頭人，目睹維新會拿下大阪城，他們內心的驚惶恐怕也不難想見吧！

二〇一一年十一月二十九日

誰是台灣的勝海舟

一個禮拜前，我在超越基金會有一場對談。對於坂本龍馬催生「薩長同盟」，進而展開波瀾壯闊的倒幕運動，促成改變日本命運的明治維新，眾人聽得興味十足，在場有聽眾提問：「依先生之見，台灣是否有像坂本龍馬這樣的人？」

「是啊！誰是台灣的坂本龍馬？」這個問題，我自己也一直在思索、尋覓。

幕末風雲兒坂本龍馬，在三十三年的生命歲月中盡情地發光發熱，從前往江戶遊學開始，目睹終結鎖國時代的黑船事件，投入衝擊幕府的尊王攘夷組織，及至成為自由之身的脫藩浪士，推動倒幕、成立綜合商社和草擬影響新政府體制的「船中八策」。龍馬如火樹銀花般的燦爛一生，迄今仍為世人津津樂道。

然而，龍馬之所以成為日本人心中最受歡迎的幕末英雄，並不僅在於他自由奔放的人格特質，還有他勇於承擔、功成不居的生命情操。大政奉還之後，西鄉隆盛在新政府官職名冊上沒有看到龍馬姓名，頗感納悶，經過探詢，才知道龍馬根本對當官沒興趣，一心一意只想做世界貿易的海援隊。

要在台灣找尋一個沒有私心的魯仲連，很難；無意仕途者，更難。當天應邀設定的講題是「現代龍馬何處尋」，那是筆者去年此時集結付梓的書名，談的雖是日本幕府末年的亂世，但底下聽眾關切的卻是鬧熱滾滾的台灣選舉，以及選後的政局發展。

與我對談的是旅遊達人工頭堅，他不僅熟稔日本幕末歷史，也是一個不折不扣的超級龍馬迷。自己除了在日本帶團旅遊之外，還規劃獨一無二的「龍馬之旅」，讓龍馬粉絲在最短時間之內、以最低經費實現追尋龍馬足跡的夢想。

工頭堅那天的回答讓我印象深刻，簡單說，世人都喜歡坂本龍馬，也期待幕末豪情男兒再現，但他卻提出「誰是勝海舟」的問題。工頭堅認為，大家都想找尋坂本龍馬，但發現龍馬的幕府重臣勝海舟同樣關鍵，在台灣，究竟誰來扮演勝海舟，更值得省思。

美國黑船叩關之後，勝海舟在神戶創建海軍操練所，這是日本第一個培育海軍人才的學校。龍馬深受勝海舟這個開國派先驅的思想影響，努力奔走於薩摩藩與長州藩之間，最終促成了兩個敵對雄藩盡棄前嫌，攜手合作倒幕。

勝海舟身在幕府，卻支持龍馬推動雄藩聯合的政治改革，這不僅需要膽識與遠見，也展

上：鹿兒島街區的坂本龍馬夫婦雕像。
下：為表彰幕末精彩的一頁，鹿兒島推出很多限量紀念酒。

現了他的識人之明。在撼動日本的時代浪潮裡，龍馬固然是那個站在浪頭上的英雄，但勝海舟無疑是他背後的推手。

我們或許也要問，千里馬終究要有伯樂賞識。如果勝海舟當年沒有搭乘咸臨丸號遠渡重洋，赴美親身體驗世界浩瀚與憂心日本未來，並且在回國後啟蒙諸多像龍馬這樣的年輕人，那麼日本能否迎來第一次開國，走向富國強兵的明治維新，不無疑問。

相對地，懷抱著志向與熱情的坂本龍馬，能在風起雲湧的大時代中一展身手，幕府軍艦奉行勝海舟功不可沒。可以說，龍馬遇見勝海舟，既是他人生的轉捩點，也是日本幕末歷史性的一刻。

由於對西洋軍事力量的深刻體認，以及對貿易立國的急切之情，促使勝海舟積極推動海軍的創建，加速日本結束鎖國、邁向開國的腳步。勝海舟後來被讚譽為日本「海軍之父」，沒有他的真知灼見，龍馬未必能獻身開國志士行列，遑論銜命說服薩摩、長州兩藩結盟，倒幕的茉莉花朵或將延遲綻放。

話說回來，工頭堅談勝海舟時，倒是提及當天坐在一旁的主持人蘇貞昌，希望電火球能夠扮演勝海舟，為台灣找到下一個世代的坂本龍馬。始終面帶微笑的蘇貞昌，那天既談論他與蔡英文合作是進行式，也以「藍綠合作是台灣需要的」回應現場提問。

在「超越講堂」的對談中，我心裡暗自浮現許多想像，那些想像在選戰當下匯聚成形。

我說，回首自一九九六年總統民選以來的台灣民主化之路，我也有相仿的期待與小小的願望。

期待的是，台灣有朝一日也能出現一個不世出的幕末風雲兒，儘早為藍綠對立開啟合作之門；至於那小小的願望，則是每四年一次的總統選舉，能在島嶼上不斷地選下去，讓民主如巨流大河般滔滔不絕，流淌過大地，流向天涯海角。

不過，在這之前，人們仍然要問，台灣的勝海舟在哪？

二〇一一年十二月十三日

從箱根跑到宜蘭

「下禮拜，我要去箱根實地觀摩一下，看看人家怎麼跑」，幾天前，超馬好手林義傑和我通話時說，他計畫赴日本溫泉勝地看路跑。我知道小傑又有新點子了，那是我們曾經談過的一個夢想，一個關於跑步而且是帶領青少年一起跑的夢想。

林義傑想去看的是日本知名的馬拉松接力賽「箱根駅伝」，也就是從東京至箱根來回的區間路跑。每年一月二、三日兩天舉行，首日從位於東京都大手町的讀賣新聞東京本社出發，一路跑到箱根蘆之湖，翌日再跑回讀賣新聞，去程一〇八公里，回程一〇九．九公里。

這條馬拉松路徑是昔日的東海道，往返各五個區間，參賽以關東地區的大學為主，每位選手跑一個區間，平均約跑二十公里不等。其中，最有代表性的競賽區間，是從小田原跑到蘆之湖的五區，不僅二三．四公里的路程最長，而且總爬升為八六四公尺，需要強大的爬坡力和堅忍的耐力，才可能完成這趟艱難的攻頂路段。

在標高差超過八百公尺的五區競逐，往往是對各隊好手最嚴酷無情的考驗，也因此，經常發生許多戲劇性的逆轉情節。試著想像，在以「之」字形行進的山區跑步，本身就是充滿挑戰性，如果還能演出連續追趕前面領先者的畫面，勢必令人血脈僨張。

五區的激烈對抗，已被視為箱根接力賽的代名詞，自二〇〇四年開始設立藉以獎勵表現最優選手的「金栗四三杯」，也幾乎是出自五區賽事中最讓人激賞的跑者。例如被封為「山神」的順天堂大學名將今井正人，以及晚近以東洋大學大一新人之姿超越今井紀錄的「山的神童」柏原龍二，皆是勇捧金栗杯的得主。

已有九十年歷史的箱根馬拉松接力賽，被讚譽為培育日本國家級中長跑好手的搖籃，包括「日本馬拉松之神」瀨古利彥即出自此一頗富傳統的運動盛會，而這正是「箱根駅伝」發起人金栗四三的倡議初衷。

一九一九年十月，金栗四三與體育學者野口源三郎、澤田英一聊到如何訓練優秀馬拉松選手進軍奧運，原本計畫是要組隊橫跨美國做移地訓練，但後來因經費考量而改在東京圈，即現行從讀賣新聞跑到箱根蘆之湖的路線。

金栗四三是日本的馬拉松之父，他曾參加一九一二年在瑞典斯德哥爾摩舉辦的第五屆奧運會，當時已是明治年間末期，日本雖是首度參加奧運，但金栗曾在國內刷新世界紀錄，他的參賽被寄予厚望。

詎料，那年北歐氣象異變，在將近四十度的酷熱高溫之下，六十多名運動員有過半宣布棄權，不堪負荷的金栗也在行列之中，但他因失去聯繫而被以「行蹤不明」處理。但那次失敗經驗讓金栗眼界大開，返國著手設計一系列盛暑耐熱、強化心肺等因應馬拉松所需的長跑訓練，箱根接力賽的登場，更是成為日本新年伊始的盛事。

每年此時，日本人有兩項壓軸大戲，皆擁有相當可觀的收視率。一是跨年的紅白歌唱大賽，另一就是NHK第一頻道全程實況轉播的箱根馬拉松接力賽。

透過電視，人們看到一群熱愛跑步的大男孩在起伏丘陵公路上競爭，他們為此備戰經年，在象徵進入社會前的最後學習生涯，來場青春熱血的對決。對日本人而言，能夠目睹未來的社會中堅拚命向前跑，多少有一種期待下個世代的欣慰感。

我想小傑也是抱著相同的心情吧！他告訴我，希望已有近百年歷史經驗的箱根路跑，將來能夠在台灣複製成功，甚至是由高中生或青少年組隊參與的馬拉松接力賽。

林義傑心中的理想路徑是北宜公路，我覺得他的想法滿有創意的，倘若真可比照箱根路跑模式，撇開培育中長距離的運動員不說，由具有行動力的組織、企業共同發起，加上一個像《讀賣新聞》如此規模的全國性媒體參與合辦，那或許將是讓美夢得以成真的組合。

但願真有那麼一天，從位在台北艋舺大道的中國時報總社門前起跑，沿著新店溪畔、經過蜿蜒曲折的北宜公路，一路跑向宜蘭的溫泉鄉礁溪，然後隔天再循九彎十八拐的原路跑回萬華。這樣的路跑途徑，簡直就像「東京箱根間往復大學駅伝競走」的翻版。

當然，我想像那一天到來時，好友小傑可以帶頭跑，並且藉由關懷青少年的美好心意，掀起一股青春無敵、激勵人心的運動風潮，成為一項世世代代傳承下去的馬拉松傳統。

心裡如此期待，我的雙腳彷彿跟著踩踏，想起了愛好跑步的作家村上春樹曾說過，希望自己墓誌銘上能這樣刻著：「至少到最後都沒有用走的」，一句多麼有力的生命之言啊！

二〇一一年十二月二十七日

路

隨著朝野黨首攻防戰的相繼登場，日本政局即將進入一場激烈的秋鬥，進而為緊接其後的眾議院大選揭開序幕。在內有反核示威、外有島嶼爭議的社會氛圍下，日本顯然又再次面臨關鍵的抉擇。

來自東洋的候鳥

新年甫過，人在北京的佐藤發了一封E-mail，信裡提及「今年是世界性的選舉年，其中第一個就是台灣，然後美國、俄羅斯、韓國、中國……。日本媒體也都關注選舉的結果。若你有時間想跟你見個面。」

已經記不得這是佐藤第幾回來台了。二〇〇五年冬天，佐藤第一次到台灣觀察選舉，那一年的縣市長選戰，經由安排，她分別採訪了台北縣、台中市兩地的候選人及輔選幹部，也看了幾場大型的造勢活動，親身體驗了台灣獨特的選舉文化。

記憶裡，對於台灣萬頭攢動、情緒激昂的群眾場合，首度造訪的佐藤顯得有些興奮，這是她在日本從未有過的街頭經驗。無論是在羅文嘉、周錫瑋或者胡志強、林佳龍各自捉對廝殺的組合中，藍綠兩軍的動員拚場，都讓她留下深刻的印象。

我想，那回跟著到處跑場，甚至還坐上宣傳車、行經三重埔，目睹候選人掃街拜票、支持者熱情回應的互動畫面，對一個初次觀選的外籍記者而言，應該是一次難以忘懷的台灣經驗。

此後，佐藤幾乎每逢選舉就會跑來台灣一趟，宛如候鳥過境一樣，只要台灣有大選，就會從寒冷的北國飛來熱帶島嶼過冬。年復一年，春去秋來，當年一臉稚氣凡事都倍感新鮮的菜鳥，如今應當也成了見怪不怪的老鳥。

佐藤不是我遇見的第一隻候鳥。一九八九年，縣市長、立委及省議員三項公職合併選舉，當時我在台中跑新聞，認識一個在ICRT工作的年輕人，他是個播音員，因緣際會地南下採訪。當年國會還沒全面改選，雖然他對台灣人熱中選舉的程度嘆為觀止，但是他成天在記者會、演講場之間跑來跑去，卻比誰都還狂熱。

事隔多年，早已忘了那個ICRT的年輕人是叫「彼特」或「馬克」之類的菜市名，但他入境隨俗鬧出來的一樁糗事，卻讓我記憶猶深。

有一天，在冷颼颼的光復國小外操場，美國少年仔聊起跟著本地人吃檳榔的回憶，他說，剛到台灣時聽人家提起，就很想親身體驗這種「寶島牌」口香糖，結果連吃了一個禮拜，竟然吃到肚子痛，趕快送醫掛急診。醫生替他照X光，驚訝地發現他胃裡怎麼有一堆黑色渣渣。

幾經問診，才知道他吞了一肚子的檳榔渣，搞到胃發炎，這個美國囝仔尷尬地跟醫生說，「喔，因為教我吃檳榔，卻沒人教我要把檳榔渣吐掉！」

但不是每隻候鳥都有誤食台灣口香糖這類的笑話，有些候鳥不僅是識途老馬，甚至還是專家中的專家，談選舉、論政治的功力，遠超過台灣的學者或記者。

一九九三年的縣市長選舉，我在嘉義接待一個外國學者觀選團，帶著包括東京大學教授若林正丈在內的幾個學者，一起去體驗三溫暖，在氤氳裊裊之中談台灣民主，別有一番滋味。

當時的若林教授認為，解嚴後，廢止動員《戡亂時期臨時條款》，宣告萬年國會終結，已促使台灣民主走向「脫內戰化」（亦即台大教授蕭全政的「去內戰化」概念）。有別於一九四〇年代以前的《中華民國憲法》，若林對此提出「中華民國第二共和」的說法。

早於黨外時期，若林正丈即來台觀察選舉，研究威權轉型等民主化的問題，他應是經驗最老到的東洋候鳥吧！二〇一〇年春天，若林從東大退休轉任早稻田大學，那年冬天的五都選舉，由他領軍的日本台灣學會觀選團，馬不停蹄地拜會藍綠各方，為進入城市治理階段的台灣民主化再做一次見證。

一如候鳥的遷徙，他們雖來自北國，卻對此地有著深厚情感，有些學者、研究生甚至外交官因異國情緣而結識另一半，幾乎成為半隻留鳥，不是每年陪老婆回娘家，就是隨著夫婿嫁到台灣。

我的好友、東京大學教授松田康博，即是最佳的例證。二〇〇四年，我與松田在東京見面，兩人聊起台灣政局，他的分析頭頭是道，簡直比電視上那些講得嘴角全波的名嘴還犀利。

松田的老婆是台南人，他說進出台灣已經三十多次，好像在走厝內灶腳那般熟門熟路。中山南路的國家圖書館、新店的國史館，都是這位國民黨黨史研究專家每回來台必定造訪之處。

有時候，當松田跟我提起軍統局倖存者，或者煞有其事地描述在檔案中發現的蔣介石祕辛時，我甚至覺得他根本就是一個道道地地的中國近代史學者。

像候鳥一樣的來去，是我對這些東洋「台灣通」的形容，從他們身上，我看見日本人對一門研究領域的專注與敬業，而且無論是做學術研究或是從事新聞工作皆是如此，歷經數十寒載未曾改變。

其實，就在這禮拜，我也得去會一會這些從東洋飛來的候鳥了。

二〇一二年一月十日

反核傳教士菅直人

「人們只有身處逆境才會帶來改變，但無奈的是，多數人經常安於現狀，以為自己始終處於順境之中。」我的朋友松田農曆春節前訪台，對於日本現在的政局下了這樣一個耐人尋味的註腳。

松田敘述的是民主黨政府大力推動增稅政策，而在野的自民黨卻又不敢明目張膽反對，因對手正在實踐當初他們執政時的主張，儘管民主黨在野時是持反對立場。

然而，當我在閱讀有關前首相菅直人近況的訊息時，愈發覺得「逆境帶來改變」這句至理名言，更適合這位已然變身為「反核傳教士」的日本政治家。

菅直人最近接受《華爾街日報》的專訪，對日本發展核電政策提出深刻的批評。

這是他自從去年八月底卸任後，首度接受外國媒體的訪問，那時的菅直人，因福島核電廠危機而腹背受敵，在左支右絀之下，以請辭結束剛好一年的首相任期。

但人生總是在轉折處看見柳暗花明的生機。無官一身輕的菅直人，重新回到早年參與市民運動的初衷，積極投入再生能源的推廣工作，他跑到西班牙、德國了解新能源，參觀太陽能控制中心，以周遊列國的精神找尋反核動能。

那篇專訪有如此令人會心一笑的描述，當菅直人談到能源效率與建築規範，談到參觀日本一個生物群項目時，六十五歲的菅直人「露出像年輕人一樣的笑容」，而這樣的表情在他執政期間卻是很少見到。

宛如年輕人般的笑容，這是《華爾街日報》對菅直人極為細膩的觀察。可以想見，一個年過六旬的日本歐吉桑面對媒體展露歡顏，那畫面不僅意味著重拾昔日的自信，也代表著一種再次回復本心的快樂。

菅直人說，當年做為一個年輕的政治家，他曾經相信原子能只是一種過渡能源，但隨著所屬政黨規模擴大（或者說越來越接近執政），很多人開始將核能視為安全能源，覺得應該更善加利用。

然而，三一一東日本大地震改變了這一切。專訪寫道，「菅直人必須做出各種艱難的決定，其中之一就是駁回東京電力公司提出將福島第一核電廠工作人員撤離日益危險的反應爐的請求。」菅直人說，「這是二戰以來第一次有日本領導人要求別人冒著生命危險執行任務。」

歷經福島核危機的菅直人，在專訪中表露他對核電政策的省思，「輻射這一看不見的敵人占領了日本三分之一乃至一半領土，還將影響波及他國，而這將關係到國家的生存。」

菅直人這段談話指的是，他的繼任者野田佳彥正著手重啟日本已經關閉的幾座反應爐，並推動日本向越南、土耳其等國家出口反應爐，而菅本人卻是在倡議新能源，同時希望藉由自己的人脈來協助推展。

卸任後對「去核電化」身體力行的菅直人，以致力於創造一個非核家園的美麗新世界為己任，他甚至認為，日本若能成為再生能源的示範國，「那就再好不過了」。

菅直人即將在本周四應邀前往瑞士達沃斯的世界經濟論壇（World Economic Forum）年會發表專題演講，毫無疑問地，這位日本前首相打算在會中暢談他的反核理念，呼籲人們擺脫對核電的依賴。

對於菅直人風塵僕僕的宣傳反核，日本內部贊成、反對之聲皆有，但他的民主黨同志卻認為菅的主張過於民粹，畢竟誰不希望過著免於恐懼的無核生活。譬如前外相前原誠司當時就表示，「當鐘擺突然擺向反核時，大家的生活該怎麼過，這是執政者必須考慮的。」

不過，即使有些人不看好這條反核之路，菅直人卻懷抱著雖千萬人吾往矣的信念，他試圖重回那個站在街頭搞市民運動的年輕身影。當年的菅直人，只有廿七歲，才剛從安保鬥爭的學潮中走入社會，充滿熱情和正義感。

菅直人的盟友、國會議員江田五月向《華爾街日報》說，現在的菅直人，終於做回了正常的自己。

這讓我想起韓良俊教授，菅直人決定辭職時，這位長期關注日本政局的前台大牙科主任曾提醒我，不妨看看菅直人下台後的身影，他跟過去卸任的幾個首相很不一樣。

顯然，菅直人確實不太一樣了，逆境或許真的帶來改變，讓他越來越像一個曾與美國總統擦身而過，如今卻為全球氣候暖化憂心忡忡、四處奔走的環保鬥士。

菅直人，難道想做「日本的高爾」嗎？

二〇一二年一月三十一日

渡邊謙的「絆311」

五十二歲的渡邊謙，一月底在瑞士世界經濟論壇（WEF，World Economic Forum）年會發表演講，說明日本災區的「紐帶經驗」。這位曾入圍奧斯卡最佳男配角提名的日本實力派演員，宛如「三一一震殤」的代言人，以英文演說向世人宣揚在東日本地震中紐帶的重要性。

去年三月東日本大地震發生後，渡邊謙和電影《送行者》編劇小山薰堂為了鼓勵日本人從震災中站起來，成立一個名為「Kizuna 311」的網站，邀集一群志同道合的演藝圈朋友共襄盛舉。

「Kizuna」即日文漢字中的「絆」，也是中文所稱「紐帶」一詞，有情感聯繫、牽掛思念之意。透過人與人之間的紐帶關係，這場震災讓人們體認到生命的休戚與共。

二〇一二年三月十一日，東日本大地震的週年，在受創嚴重的宮城縣氣仙沼市舉辦的悼念活動。　（圖片提供／達志影像）

參與「Kizuna 311」的演員藝人甚多，諸如吉永小百合、淺丘琉璃子、役所廣司、佐藤浩市、中井貴一、香川照之、松隆子、平原綾香及松雪泰子等人，他們透過朗讀詩作、寫信、歌唱等方式，向災區民眾傳達來自日本各地的關懷。

演技出眾的渡邊謙，是日本當前在國際上知名度最高的男演員，他在湯姆克魯斯主演的《末代武士》中擔任堅毅的幕末武士勝元而爆紅，繼之在《全面啟動》一片和李奧納多狄卡皮歐攜手合作，因而與湯姆和李奧納多相識。事實上，這兩位好萊塢的A咖明星，都在地震災後捎來慰問信件，對日本未來的重建之路感到憂心不已。

好友的擔憂促使渡邊謙催生網站，以便讓國內外都能透過視頻網站YouTube上傳彼此激勵的話語，連結一份跨越國界、種族的祈禱與祝福。

陸續響應這項義舉的好萊塢演員，還有克林伊斯威特、約翰庫薩克、愛德華諾頓等人，甚至搖滾吉他英雄卡洛斯山塔那，也撰文情義相挺，他們都藉由書寫加油打氣的手紙，鼓勵災民重生。

這些溫馨感人的海外情誼，正是渡邊謙所言「絆」之所在。

渡邊謙在發起人的信中寫道，「日本能否超越眼前的艱困，在於人與人之間的『絆』。與其哀悼、悲傷，不如團結一致，朝重建努力，向災區、全世界傳送這股『絆』的力量。」

當時的渡邊謙自許，「願做全世界與災民的橋梁，直到看見災民的笑容」。渡邊謙也果然親力而為，以行動實踐這項承諾。從去年四月起，在十個月的時間裡，他陸續走訪了二十二個災民聚集處所，慰問了約三千名災民。

帶著震災中體現的人心之絆，渡邊謙與前首相菅直人前往位於瑞士東部的達沃斯，出席以日本大地震為主要議題之一的WEF（亦稱達沃斯論壇）年會。

渡邊謙在演說中闡述日本的災區經驗，他表示，東日本大地震之後，災民失去所有東西。人們已一無所有，能做的只有相互扶持、照料及關懷，而人們之所以能超越年紀、工作、社會地位，聯繫在一起，那是因為彼此之間存在著「紐帶」。

如同在「Kizuna 311」網站中朗讀已故國民作家宮澤賢治[1]詩作〈無畏風雨〉般的溫柔，渡邊謙說，在荒涼的田野上，人和人之間緊緊地相依相偎，已鋪陳一條光明之路。可以想像，那伴著人心溫熱串聯而成的光明之路，將是未來支撐災區復興重建工程的動力泉源。渡邊謙因此形容，「互助相伴的紐帶文化已成為無家可歸的災民僅存的財富。」

但也由於在災難中發現人性真情，看見世間大愛，渡邊謙談到福島核災時語重心長地呼

1. 宮澤賢治（一八九六—一九三三），日本詩人、兒童文學作家，代表作有《銀河鐵道之夜》、《要求繁多的餐廳》等。宮澤為岩手縣人。

籲，如果不能痛下決心，使用再生能源，就無法將未來交給下一代！

在WEF演講後的記者招待會上，渡邊謙敘說他與災民懇談的感受，「今後，重建一套新的價值觀與幸福觀，是有其必要的。」

是啊！這「今後」能有多久，再過不到一個月，三一一東日本大地震即將屆滿周年了。一場世紀浩劫讓大和民族付出慘痛代價，究竟日本人從中學到了什麼？

以重建為例，野田內閣的專責部門「復興廳」，不久之前才正式掛牌，首任大臣也剛到位，在災後快滿一年的此刻，政府官僚的牛步化，實在到了令人難以理解的地步。

幸好，扶桑之島的重生，在民間不在政府。

一如渡邊謙以「絆」為名，向災區發送溫暖與關懷，有朝一日，那渾厚堅韌的紐帶之力，也必然會從災區、從民間長出來。

二〇一二年二月十四日

大阪維新會呼群保義

大阪市長橋下徹已然是日本政壇的當紅炸子雞，就連民主黨政調會會長前原誠司槓上《產經新聞》的記者，媒體也跑來問他的看法。聰明的橋下徹，不願正面評價前原將產經記者擋在門外的動作，而是以「如果我是前原的話，就把這名記者找來當面駁斥」，一語帶過。

媒體多半是好事之徒，想從橋下口中套出驚人之語，當然是基於他是前原好友之故，但律師出身的橋下徹，深諳媒體與政治間的辯證關係，巧妙地給了一個四平八穩的答案，「批評是媒體的天職，沒有媒體監督，權力將變得很危險。」

身為媒體寵兒，再怎麼樣也不會掉入媒體預設的陷阱，這是橋下徹聰慧機敏的地方，也是大阪人靈光之處。不像來自京都的前原誠司，為了《產經新聞》的報導評論，以毫無事實的詆毀已超過忍耐限度為由，對社方下達通牒。

橋下徹和前原誠司同為關西子弟，兩人分屬無黨籍與民主黨卻過從甚密，對此刻民意支持度持續下跌的野田內閣而言，實在有點不是滋味。

以橋下徹為首的「大阪維新會」，最近在日本紅透半邊天，日本媒體所做的民調顯示，支持「大阪維新會」參與國政的民意高達六成。這對誓言「地方包圍中央」的橋下勢力不啻是一大鼓舞，也為「大阪維新會」揮軍下屆眾議院選舉加溫不少。

橋下徹之所以能擎起維新旗幟，帶領關西軍準備東進，儼然成為左右未來國會大選的變數，其實與大阪長期所處的政經環境有關。

一九九五年神戶大地震，重創京阪神一帶，斯時的日本剛遭逢泡沫經濟崩潰，震災的發生讓關西地區雪上加霜。位於近畿所在的大阪，在泡沫經濟時代已大興土木，地震後更仿效東京奧運模式，試圖透過申辦二〇〇八夏季奧運重振經濟。

現在大阪市內的世界貿易中心大樓，當年落成後被戲稱是「泡沫之塔」，大阪府、市為解決這座因招商不順而空蕩無人的地標，只好將轄下機構的辦公廳舍遷入。影響所及，就連鄰近的臨空塔，原本要蓋雙子星大樓，後來也只能以保存一棟、另一棟則無疾而終收場。

二〇〇八奧運最終由北京勝出，大阪為此填海造陸，計畫做為體育設施的人工島乏人問津。日益困窘的大阪財政，不僅困住官僚體系，也困住身為關西龍頭的整體發展。

橋下徹當年入主的大阪府，簡直處於風雨飄搖之中，羞澀的府庫甚至連支應大阪府公務員薪水都捉襟見肘。橋下喊出「大阪維新」口號，主動刪除知事交際費，他的雷厲風行，感動大阪市民，一位老太太提著裝有一億日圓的背包，表明要捐款力挺橋下。

當前日本政界，沒有一個政治家能像橋下徹這般勇於突破窠臼，不斷創造議題、領導風潮。為了翻轉大阪乃至關西的命運，他辭官改選大阪市長，以推動府市合一，建構另一個能和東京都互別苗頭的「大阪都」為己志。

聲勢日壯的「大阪維新會」宛若呼群保義的梁山泊，成為關西軍向東挺進的大本營。下個月開班的「大阪維新會」政治塾，已有三千三百多人報名，盛況空前，迫使主辦單位必須取消面試，改以筆試篩選學員，而其中不乏中央省廳官員、律師及民主黨眾議員在列。

這個首度開班授課的政治塾堪稱「國政先修班」，目標鎖定明年舉行的眾院大選。在仿造幕末「船中八策」制定競選綱領「維新八策」的號召下，以區隔民主、自民兩大黨的第三勢力，顯然已悄悄成形。

而人氣之所繫，也讓一些苦撐待變的小黨聞風投靠而來，前東京都杉並區區長山田宏、前橫濱市長中田宏領導的創新黨，渡邊喜美的眾人之黨，相繼表達合作之意。

橋下徹有如《水滸傳》裡的宋江，開始吸納不滿民主黨執政、又不放心自民黨回鍋的人心。Arcus Research駐東京分析師彼得塔斯克（Peter Tasker）認為，一個迎合民粹主義、反對緊縮政策的政客已經出現。

在塔斯克看來，民主黨提出消費稅加倍政策，而被金融官僚操控的自民黨也跟著贊成，兩黨的支持者大量流失，完全是在重蹈泡沫經濟時的覆轍。

「日本亟需分散中央權力，需要再次通膨，如果橋下徹能提供使日本放棄緊縮政策的刺激，那將有益於日本。」塔斯克如此結語。

但，橋下徹豈止是只想扮演提供刺激的角色而已，他還要推動首相民選，那可是會革了天皇地位的命哪！

二〇一二年二月二十八日

震災　故鄉在遠方

「臨行前，老祖母將頭上的黃金髮簪取下，送給即將去前線的長孫，告訴他需要時可變賣應急，大男生看著散了髮的老祖母，眼淚撲簌簌地落下來。」歐吉桑說道，那是他在八二三炮戰中聽過最動人的故事。

那一天午後，歐吉桑就坐在我對面，娓娓道來他的人生經歷。他也有自己的故事，從陸戰隊退伍後為了北上謀職，渴望有人生一套體面的西裝，但經商失敗的父親，卻因無力張羅而鬱悶不已，繼之祖母又是如何在他五十歲生日那年，像是在交代什麼地拉著他的手，親像「大孫當囝子」。

身為長孫的歐吉桑，一路聊到他那遠在東京攻讀博士的長子，「景揚最近跟我說，大概年底就可以回台灣了，不過他也帶了一句說，到時候會多帶一個人回來。」快七十歲的人講得眼眶泛紅，卻又掩不住內心喜悅，「我哪知他在想什麼？」

我想起去年四月下旬的事，那是東日本大地震發生一個月後，東北災區已因世紀浩劫而陷入一片混亂，整個首都圈也像遭逢戰亂般顯得人心惶惶。景揚曾短暫地避往京都，後來又回到東京，並且捎來一封報平安的信。

「包括我小姑美華在內，很多留學生的家人還是很不放心子女現在待在日本。我們宿舍一位上海的留學生，聽說是獨生女，因為家人極力反對，便因此放棄留學而返國了。」從信件內容的描述，不難想像當時外籍留學生圈瀰漫的焦慮氛圍。

「至於我，指導提拔我的教授，感情日益深厚的日本同學、友人，還有更放不下的，是我想成為終身伴侶的對象，都在這裡。」景揚堅定地說，「我一點也無心遠離。」

因為那顆不想遠離的心，不僅讓一個台灣囝仔熬過艱辛的一年，如願完成負笈東瀛的夢想，也可望找到他人生的最愛，一個願意跟著他回故鄉的扶桑女孩。

我一邊笑著安慰歐吉桑，一邊思緒又飛到千里之外的景揚身上。獨自在異鄉求學的生活，想必很辛苦，然有朝一日，他終究會回到故鄉。

那麼東北災區的人們呢？日本交流協會寄來感謝台灣的宣傳影片，展讀每一個來自受災戶與天地奮鬥的感人故事，震災當天出生的仙台新生兒，以手寫報紙發布訊息的《石卷日日新聞》，利用廢材再造椅的陸前田市木工職人，氣仙沼市重新揚帆的大伸丸號漁船，松島水族館裡的女訓練師和海狗……。

我在報館先睹為快，看著他們充滿元氣的笑容，竟有著一種說不出口的感動。那是我在台灣九二一震災中也曾有過的感動，即使故鄉已成廢墟，經歷至親好友的生離死別，但卻永不放棄。一年之後，他們努力地熬過來，抱著絕對不能輸給地震的心情，在故鄉堅強地存活下去。

根據統計，此刻還住在臨時安置房的災民人數約二十六萬人，其中曾住在福島第一核電廠方圓二十公里警戒區內，以及受輻射影響計畫性疏散區的人，估計有近六萬人。對後者而言，故鄉是難以負荷的，「福島」更已成一個沉重的名詞。

無可否認地，這些災民形同失去故鄉，尤其是與土地息息相關的農民，他們有生之年能否再重返傷心地，恐怕都是一個遙不可及的夢。因為大震災，災民必須離鄉背井，在城市裡打工，或者被迫遷徙他處。遠方的故鄉，已成為他們魂牽夢繫之所在。

然而重建故鄉之路，雖然步履維艱，但希望未曾消失，就像日本媒體報導，三月畢業季即將到來，多數畢業生都懷抱熱情，迫不及待地要投入重建新故鄉的行列。

畢竟，故鄉一直都在那裡，那讓思念與牽絆得以繼續綿延下去。就像歐吉桑對孩子的牽絆，從東京到台北，穿山越嶺、飄洋渡海，沒有因為時空環境的更迭而改變過。

我深記著那天在海產店的對話，歐吉桑是思念孩子吧！他拐彎抹角地談起那些大時代的悲傷記憶，真正想要訴說的不就是他對孩子的惦記呢？

那個遠在東京的台灣男孩，在三一一東日本大震災屆滿一周年的今天，又是如何看待自己的父親，以及他熟悉卻久違的故鄉人和故鄉情？

劇作家倉本聰說，故鄉，就是那種離開之後就會開始思念的地方。我每回想起這句話就覺得心裡滿滿的，不知身在異鄉的遊子們，是否也有相同的感受？

二〇一二年三月十三日

安田講堂　驪歌初唱

三月的日本是一個驪歌初唱的季節，東京大學校長濱田純一鼓勵應屆畢業生說，「即使意識到整個社會和組織都在緩慢倒退，很多人甚至因此裹足不前，但勇往直前，為新時代打下基礎，卻正是東大畢業生的使命！」

那是二十三日在安田講堂舉行的畢業典禮。四十四年前，在風起雲湧的狂飆年代裡，一場因抗議醫學院制度而點燃的學運怒火，曾燃燒了安田講堂；四十四年後，當年的熱血青年都進入皓首之齡，然而，造反有理的學運精神不再，日本已失落了好幾個世代。

安田講堂是個時代象徵，從六〇年代末點燃的反戰學運，讓東大的安田講堂成為日本「團塊世代」（戰後出生的嬰兒潮）的集體記憶。前朝日新聞記者川本三郎筆下的《我愛過的那個時代》（中文版由新經典文化發行），最能體現這起影響日本社會思潮甚鉅的昭和歷史。

東大畢業的川本，因為在一九七一年獨家採訪激進的學運分子，從此改變一生。書中敘述那段時間無法治癒的傷痛，是川本數度提筆都無法寫完的青春挫折物語。

讀川本的自傳，讓我想起友人淺野千明。那年羈旅東京時，淺野曾和我在東大校園裡閒聊他的過往。同樣是畢業自東京大學，也進入被視為左派重鎮的《朝日新聞》，淺野和川本卻呈現截然不同的際遇。

一九四七年出生的淺野，在考入東大教養學部本科生的翌年，就爆發激烈的學生運動，以「全學共鬥會議」為首的學運組織，發動示威、罷課、占領校園等一連串抗爭行動，要求和校方進行集體談判。

淺野告訴我，學生占領安田講堂，與警方展開攻防戰，那一年，整個校園都陷入動盪不安之中。我至今都還依稀記得，淺野在啤酒杯墊背面詳述安保鬥爭的模樣，包括學運組織分裂、警視廳出動機動隊，那是他的青春記憶，如同川本所經歷般的刻骨銘心。

與川本相同，有志於新聞工作的淺野，從東大畢業後旋即報考《朝日新聞》。他回憶當年報社的招考，可謂萬頭攢動，單單報考人數就超過一萬人，卻只錄取一百多人，若說是「萬中選一」一點也不為過。

那時的淺野，應該和許多團塊世代的日本人一樣，以擠進像《朝日新聞》這樣深具規模的民間企業為榮。此後，淺野的發展一如多數日本記者皆有的歷練，從橫濱到東京，循序漸進的職務調動，一路平順地工作到六十歲退休。

這是淺野的故事，一個典型終身雇傭制度下的範例；然而，比淺野年長三歲的川本，卻是過得流離顛沛。

川本還在襁褓之中，擔任內務官僚的父親即過世。從麻布高校要進入東大之前，他度過一年的浪人生活；即便後來考進朝日新聞社，也是熬過一年的無業，二度報考才被錄取。如果不是捲入朝霞自衛官被殺害事件，川本的記者生涯或許不會就此中斷，他為保護朋友而入獄，也遭報社免職。但窮困潦倒的生活，卻沒有擊倒川本，反而激勵他成為知名的評論家，並藉由評論推薦，讓初出茅廬的作家村上春樹、村上龍、導演森田芳光等人大放異彩。

淺野、川本，甚至主持安田講堂畢業典禮的濱田校長，都是歷經日本經濟高度成長，以迄九〇年代泡沫經濟崩潰的團塊世代。六十二歲的濱田純一，自灘高校進入東大法學部就讀那年，正好是第二次安保鬥爭開始之際。

濱田是幸運的。隔年，亦即一九六九年初春，東大因安田講堂攻防戰而宣布停止入學考試，安田講堂也因此荒廢，成了法學院和文學院的倉庫，直到二十年後完成整修，才重見天日。

一九八九年，敲開安田講堂大門的是著名的英國物理學家史蒂芬・霍金（Stephen Hawking），剛出版《時間簡史》的科學大師，應邀赴日本發表演說，從此以後，安田講堂即作為全校舉辦畢業典禮的場地。

對日本人而言，三月是畢業的季節，也是求職就業最忙碌的季節。然而，為了能與歐美大學同步，以推進國際化、提升競爭力，最近東京大學正在考慮廢除本科生春季入學，全面改為秋季入學，但這又與日本國內企業及政府機關四月招聘新人的傳統背道而馳。

或許，失落的日本，是需要改變吧！這個改變的考驗，無可避免地落在東大身上。

就像當年那一輩戰後的學運世代，帶著「我們可以改變世界」的堅定信念，推開安田講堂的大門，走向紛擾的社會，走向一個不確定的年代……。

二〇一二年三月二十七日

失去任意門的日本企業

為了實現消費稅增稅之夢，首相野田佳彥不惜賭上政治生命。但野田的冒險並不僅止於此，他還宣布重新啟動關西電力公司已停運的大飯核電廠機組，引來大阪市長橋下徹的強烈反對。

以橋下為首的大阪維新會，更是冒險王，他展現躊躇滿志之姿，揮師東進江戶，已是指日可待。

政治上的冒險接二連三，但日本企業的冒險精神卻已不再。論冒險，企業不如政治，這是日本不曾有過的轉變。

一個具體而微的觀察指標，來自台灣鴻海集團最近剛入股的日商液晶顯示器製造龍頭夏普（SHARP）。考量業績的急劇惡化，夏普公司最近宣布，二〇一三年度的國內員工錄取計畫將大幅縮減。公司預定錄取大學畢業生的員額僅一百三十人，這不僅是去年度同期的一半，也是自有統計數據以來錄取新人最少的一年。

受到液晶業務低迷的影響，以致被迫削減新人進用的員額，夏普的決定當然無可厚非，但誰能料到，三十年前的夏普可不是如此小家子氣。

那時候的夏普，正是日正當中之際，一口氣錄取一千三百個大學畢業生，足足是今日的十倍。也就是從那一年，亦即一九八三年開始，夏普逐年都會做企業錄取新人的統計整理。

然而，這充其量不過是錄取新人的作法流於保守罷了。人才永遠是公司企業的資產，找尋具有創意並勇於冒險的人，才能帶領企業或組織突破困境，走向柳暗花明之路。

被視為日本企業科技象徵的索尼（SONY），即是失去冒險精神的例證，其江河日下的原因就在於人才抉擇。尤其「PS（PlayStation）之父」久多良木健的離開，更是左右索尼企業興衰的關鍵。

六十一歲的久多良木健，出身於東京都江東區，一九七五年自電氣通信大學畢業後入社，從技術開發部門的基層做起，一路爬升到索尼旗下電腦娛樂公司的會長兼執行長。

久多良木是一個充滿創意的怪才，他最為人所稱羨的戰績是一九九四年發明PS遊戲機，帶領索尼勇闖一向由任天堂（Nintendo）主宰的遊戲市場，二〇〇〇年推出PS2機種，更是痛擊對手，進而創造出一兆日圓的市場規模。

在人才輩出的索尼企業中，個性剛強的久多良木難免樹大招風，當PS3上市成績未如索尼預期，敗給任天堂的Wii與微軟的XBOX360之後，也埋下他黯然下台的伏筆。

然而，即便如此，久多良木依舊是索尼的標竿人物。二〇〇四年四月入選《時代雜誌》「全世界一百位最具影響力的人物」，為他的科技人生攀登高峰。

久多良木離開索尼董事會之後，在東京都世田谷區花了十億日圓興建豪宅，成為外界話題。他並未忘情科技，在自家成立公司，積極投入即時訊息處理系統的研發，只要媒體訪問，久多良木總是大談心中的夢想，企圖找到能實現超大容量數據瞬間傳送的跨時代技術。

其實，早在七、八年前，久多良木就提出雲端技術。一位採訪過他的《朝日》記者回憶，久多良木曾說過，「我童年的夢想就是哆啦A夢的『任意門』與『時光機』。類似《二〇〇一年太空漫遊》的人工智慧HAL也將誕生。」

久多良木還曾說過，電視機業務不能這樣做下去，應該把它變成像一座「魔鏡」般的東西，人們可以從中選擇自己想看的影像。

但久多良木卻不是索尼董事會的最愛。當初在董事會決定社長繼任人選時，屬於協調型的中金本良治勝出，已預見索尼日後的保守發展，相對地，久多良木的落敗，似乎也宣告索尼不再敏於行動，那個勇敢冒險的時代已然結束。

索尼是在二戰後從廢墟中成長的日本企業，它不僅在電子產品上獨領風騷，成為全球電子消費市場的霸主，甚至在科技創新研發上，也是日本人最引以為傲的世界品牌。

但現在的索尼，卻是即將迎來持續四個年度虧損，而主業電視機更是連續虧損八年，累計赤字達六千五百多億日圓。與對手相比，索尼幾乎是節節敗退，音樂播放器打不過蘋果，液晶電視技術選擇不如三星、LG和夏普，東日本大地震更是將索尼推向懸崖邊。

媒體因而想起那個被形容是「日本賈伯斯」的久多良木，甚至期待他能重返索尼，挽救岌岌可危的電子王國。但現實世界裡，沒有「任意門」，索尼若想迎回久多良木，得要先出現一個敢於冒險、大膽作夢的董事會。

二〇一二年四月十日

石原慎太郎的葫蘆

在紛擾不斷的日本政壇，東京都知事石原慎太郎不僅是一個旗幟鮮明的右翼代表性人物，他那看似剛愎自用、霸氣獨斷的行事風格，背後往往深藏著狡猾機敏的政治盤算。石原跑到華府，宣布東京都計畫買下尖閣諸島（即俗稱的釣魚台群島），就是最佳例證。

早在石原赴美訪問之前，他的友人於三月間就私下向媒體透露，「千萬不要錯過石原這次的華府之行，雖然無關乎新黨事宜，但一定會有爆炸性的訊息。」果不其然，石原在華盛頓發表專題演講時主動提及，東京都政府要購買尖閣諸島的構想，他直言都政府計畫向民間所有權人買下包括主島釣魚台在內的三座小島（另兩座為南小島、北小島）。據說，花費大約在十億到十五億日圓。

扛著「東京保衛尖閣諸島」之名的石原，說得煞有其事，指雙方代理人已進入最後的談判，將爭取在一年內取得所有權。他還強調，「不管哪個國家不高興，日本人要保衛日本國土。」

石原向來語不驚人死不休，這次他在華府誇誇其談提出斥資買釣魚台的論調，一樣是有備而來。

首先是首相野田佳彥即將在四月底啟程訪美，石原搶先一步在華府發表「買島論」，既是說給支持日本擁有尖閣諸島的盟友美國聽，也是說給對北京當局過於軟弱的民主黨政府聽。

釣魚台主權爭議，始終是中日分歧最深的問題，石原的「買島論」意在逼迫野田政權對此表態，從而進一步凸顯民主黨外交的罩門。事實證明，野田也的確跟著宣示尖閣諸島國有化是可能的選項之一。

石原的另一個盤算是為幾乎沒下文的新黨籌組重起爐灶。幾個月前，石原慎太郎和國民新黨黨魁龜井靜香、奮起日本黨黨魁平沼赳夫倡議要結合主流保守勢力共組新黨，結果非但組黨一事只聞樓梯響、不見人影下，就連龜井領導的國民新黨都因消費稅增稅問題而分裂，龜井本人還被解除黨職、逐出門外。

眼看三人登高一呼的保守派大會師就要成幻影，石原祭出的「買島論」，不無重新凝聚保守勢力、團結右翼陣營的用意。

擎起愛國主義的大纛，原本就是石原所擅長的政治操作。他的作風雖然宛如一匹獨來獨往的野狼，但進退之間卻又像極了一隻聰明狡猾的狐狸。

放言買島護土之後，石原的民間聲望隨即高漲。東京都政府所屬的「都民之聲」一天之內湧入二百多通電話，有高達九成民眾表示支持。懂得打民粹牌的石原，顯然在「釣魚台」這台自動提款機上又輕鬆地消費了一次。

當紅的大阪市長橋下徹，對石原的「買島論」如此評價，「這就是石原的風格，那是一般政治家怎麼樣也想不到的。」

橋下甚為讚賞石原的點子，對於這位縱橫政壇數十載的前輩，他還執禮甚恭，力邀出任大阪維新會政治塾講師，為雙方日後結盟挑戰民主黨政權未雨綢繆。

但可不要以為石原空嘴薄舌，把買島當作打嘴砲、閒磕牙的事情。尖閣諸島有五座小島，除了赤尾嶼被劃為國有之外，另外四座島皆是私人所有，地主是來自埼玉縣的栗原家族。

事實上，石原暗地部署東京都買釣魚台的計畫已有相當時日。栗原家族的代表人栗原弘行跟媒體坦言，他們與石原有著超過四十年的交往，考慮年歲漸老，既不願賣給民間，也不想把問題留給後代，轉讓給政府以解決主權爭議，確實是可行之道。

這裡頭還有一個居間斡旋的中間人，自民黨參議員山東昭子透露，栗原家族認為民主黨政府沒有外交頭腦，讓人不放心，因此寧可託付給有政治信念的石原。

有地主、有掮客，東京都要買釣魚台，彷彿與一般土地買賣並無軒輊，一切照表操課。然而，深諳政治謀略的石原慎太郎返國後旋即改口說，東京只是打前哨戰罷了，倘若中央政府有做好萬全準備，東京隨時可以退居第二線。

石原表示，為了讓中央政府積極處理尖閣諸島的問題，哪怕東京只是暫時擁有島嶼的所有權，只要有助於整件事情的順利推動，亦無不可！

一趟華府行，面子、裡子都贏了，石原的葫蘆裡賣的狗皮膏藥，就不過一帖「釣魚台」的老戲碼，完全不花一毛成本，照樣走唱江湖、吃遍四方。

二〇一二年四月二十四日

小澤一郎絕地大反攻

在東京地方法院對小澤一郎作出無罪判決的那一刻，日本政壇就注定要再掀波瀾，而且這回「闇將軍」的絕地大反攻來勢洶洶，影響所及，很可能連野田內閣都朝不保夕，被迫提前解散國會，進行一場政治大洗牌，甚至是無可迴避的選擇！

從去年遭強制起訴迄今，前民主黨代表小澤一郎即未曾或忘東山再起，他三不五時就評論首相野田佳彥的施政，一副太上皇的模樣。四月二十八日，小澤出席地方會議批評野田推動消費稅的增稅主張，直言：「我們的內閣已經忘記了政權更迭的初衷。」

小澤義正辭嚴地說：「正是因為國民期待很高，才會對民主黨政府感到失望。」這番話儼然是國師訓斥之言，在野田內閣聲望低迷之際，更顯刺耳。

剛結束訪美的野田佳彥，最近民意支持度跌落谷底，共同社所作的電話輿論調查顯示，二成六的支持率，已創下野田自去年九月上台以來的新低。遭參議院問責的防衛大臣田中直紀、國土交通大臣前田武志，兩人去留問題，尤其讓野田頭疼。

野田目前正為消費稅增稅法案全力一搏，在黨內反對聲浪高漲且執政聯盟分歧的情況下，他迫切需要在野黨的支持。理論上，增稅是自民黨原先高舉的主張，斷無杯葛的道理，但政治不是慈善事業，沒有利益交換、沒有互惠，那是不可能有妥協與讓步。

自民黨總裁谷垣禎一要求野田應先統一民主黨內部的意見，還不忘意有所指地提醒野田說，大多數人都認為，「這兩個人（被問責的防衛相、國土交通相）缺乏擔當重責大任的資質，我不相信野田會做出讓他們留任的判斷。」

谷垣的弦外之音有二：一是野田得搞定小澤派等反對聲音，另一是自行清理門戶，撤換田中、前田兩位閣員。從某個角度來看，這等於是谷垣向野田叫牌，他想要對方先亮牌，再決定是否跟進。

事實上，小澤被宣判無罪當天，在野黨旋即出招。自民黨幹事長石原伸晃要求傳喚小澤到國會作證，他主張小澤有必要向國會與國民履行解釋的責任。公明黨代表山口那津男也附和此議，宣稱無論就政治或道義而言，小澤都有這個責任與義務。

在野黨看似鎖定小澤，其實真正的策略是要逼野田攤牌。他們深知小澤領軍的反增稅勢力龐大，乾脆挑明地要野田與小澤劃清界線，石原慎太郎之子、石原伸晃坦言，「如果不和反對派決裂，在野黨就無法與政府合作，而理清這個局面是野田內閣與執政黨的責任。」

毫無疑問的，原本政治生涯已接近尾聲的小澤一郎，已成了左右政局的關鍵。野田若要力推消費稅增稅法案過關，就必須割捨小澤，以換取自民黨等在野勢力的支持，但如此一來，民主黨形同分裂，而小澤也必然會起兵造反，不會坐以待斃。

一個比較可能的發展情勢是，小澤為阻擋法案通過而發動倒閣，野田則向自民黨承諾解散眾議院，藉以作為交換支持法案的條件。

拜東京地院無罪判決之賜，小澤再度起死回生。先前小澤派人馬相繼請辭黨職、政務官已讓野田頗為難堪，現在民主黨幹事長輿石東又打算提議，撤銷對小澤停止黨員資格的處分，甚至還有力主讓小澤出任要職的聲音，目的無非是要讓小澤風風光光地重返民主黨。

然而，民主黨內反小澤陣營猶在，他們對抬轎迎小澤多所保留。民主黨政調會長前原誠司即認為，日本是三審制，要看行使檢方職責的指定律師是否提起上訴而定，若無罪判決成立，屆時自然應該取消停止黨員資格的處分。

副首相岡田克也亦表達「這是民主黨要決定的事，希望黨能仔細討論」的態度。岡田與前原都是反小澤大將，在小澤一郎與菅直人的黨魁之爭中曾聯手作戰，最後成功地阻斷小澤的首相之夢。

小澤派要班師回朝，反小澤勢力嚴陣以待，民主黨的「內戰」似乎一觸即發。野田在華府訪問時透露，他已同意就取消小澤處分一事進行討論，但又強調不會撤換被問責的兩名大臣。

這是野田的如意算盤，既要穩住小澤派，又要保住自己的閣員。但天下事很難魚與熊掌兼得，況且小澤未必領情，自民黨更不可能接受，野田最終恐難如願。

所幸，這個問題很快就會見分曉，三名被指定行使檢方職責的律師，得在五月十日上訴期限之前做出決定。小澤的賭局是否已經來到北風北，就看那三個臭皮匠要不要繼續讓他玩下去。

二〇一二年五月八日

當天皇遇見女王

五月十八日，前往倫敦訪問的日本明仁天皇夫婦，出席了英國女王伊莉莎白二世在溫莎城堡舉行的午宴，當晚在白金漢宮，則是由英國王儲查爾斯夫婦作東。

這是明仁夫婦繼二〇〇九年訪問加拿大與美國夏威夷之後，再度出訪。應邀參加英國女王登基六十周年的紀念活動，是此行主要目的，當然，天皇也不能免俗地接見當地日僑，並向參加三一一東日本震災的英國救援隊及捐款賑災的英國人致謝。

伊莉莎白二世是在一九五二年二月六日登基，那年她二十五歲，正在肯亞出訪途中被告知，父親喬治六世已在睡夢中過世，因此搖身一變，從公主變女王。

也是在那年的十一月十日，十八歲的明仁被立為皇太子。翌年在英國女王的加冕儀式上，明仁代表昭和天皇出席，與比利時國王是唯二受邀的皇室貴賓。

這是明仁天皇與英國女王伊莉莎白二世的第一次接觸，為這兩個各據一方的皇室寫下歷史性的交會。

日本與英國，有許多共同之處。比如，皆是孤懸於大洋之中的島國，並位處在歐亞大陸東西兩端；前者緊鄰被視為東亞軍火庫的朝鮮半島，後者隔著英吉利海峽遙望歐陸，在地緣政治上占有舉足輕重的戰略位置。

冷戰時期，英、日兩國都扮演圍堵鐵幕的關鍵角色，無論是北約組織或美日同盟，這兩個君主立憲的內閣制國家，都是美國維繫其世界霸權不可或缺的盟友。

除了地緣政治的相似，世人皆通曉的還有英、日兩國左側行車的習慣。一說這應與明治維新的海外學習運動，積極向英國取經有關；另一說則是指幕府時代武士佩刀，因右撇子之故而插在左腰，為避免刀鞘擦撞引發衝突，須靠左而行。

不過，旅日華人作家李長聲筆下的英、日比較，卻呈現另一個饒富趣味的觀察面貌。他說，日本有武士道，英國有騎士道，「大概騎馬有術，漸變為在婦女面前逞能，進而形成一種尤其是對婦女的禮儀。男人生來野性，女人使他們的野性變成文化，彬彬有禮。」但作家看武士道，「只是從赴死的角度來領悟武士道，以致日本男人在尊重婦女上至今也沒有英國的騎士風度。」李長聲提出這樣的詮釋。

說武士不如騎士，大和民族一定不會同意，至少這並不是武士道真諦的解讀。

以《武士道——日本之魂》一書揚名國際的新渡戶稻造[1]，曾引用明治維新時代思想家吉田松陰[2]服刑前吟詠的和歌來說明武士道精神，歌曰：「今有此作為，即知結果必如此。吾心終不悔，義無反顧向前行，一如不死大和魂。」

露絲．潘乃德所著《菊花與劍》裡寫日本有一種「恥的文化」，這種知恥的認知，促使日本人將榮譽感視為至高無上的價值。新渡戶稻造認為：「把忠放在人倫各種道德的最高位置的是日本人」，就像武士與君主的關係，國家的存在先於個人，若遇到忠孝難兩全時，武士會選擇盡忠。

深入地看，武士道讓日本人忠於國家，而集體表現出來的就是克己精神，不讓自己的情緒影響別人，也盡量不要帶給別人麻煩。

台大醫學院畢業的旅美學者林靜竹曾如此描述武士道的影響：一方面勇於刻苦耐勞，面對事實；另一方面以委婉的方式表示內心痛苦與悲傷。因有禮貌的訓練，不論內心如何痛苦，常會面露笑容。這兩方面交叉發揮的結果，日本人都有很深的克己功夫。

---

1. 新渡戶稻造（一八六二—一九三三），日本政治家、教育家，曾任台灣總督府殖產局長、糖務局長，有「台灣砂糖之父」之稱。
2. 吉田松陰（一八三〇—一八五九），長州藩武士，幕府末年的思想家、兵法家，影響日本明治維新之後的對外政策。

位於岩手縣盛岡市的新渡戶稻造銅像。

他說，在國際交流上，「日本式微笑」因此成為西方人討論的議題。也因為這種自我忍讓的克己力量，讓大和民族在東日本大地震中展現了令世人動容的危境哲學。以此而論，體現在世紀浩劫中的武士道精神，或許還更在騎士道之上吧！

然而，話說回來，帶著「日本式微笑」的明仁天皇訪英，祝賀女王登基一甲子，想必心中應當也懷抱著武士的義理回報援助，一如高傲的央格魯薩克遜人，總是以扶弱除暴的騎士而自負。

如今，在那東、西兩個老牌皇室貴族重逢之際，天皇已年屆七十八歲，女王更是八十有六的高齡，他們都各自是「日出之國」和「日不落帝國」的象徵，但現在，卻相繼來到人生的落日時分，那當真是夕陽無限好……。

二〇一二年五月二十二日

村上春樹的黑色魔幻

如果村上春樹知道，又有一個涉及東京地鐵沙林毒氣事件的奧姆真理教徒被抓到了，他會怎麼看呢？

六月三日晚間，東京警視廳在神奈川縣相模原市發現並逮捕了菊地直子，她因涉嫌十七年前的東京地鐵沙林毒氣事件遭特別通緝至今。菊地落網消息一傳出，日本各大媒體紛紛發出快報，這位被懸賞一千萬日圓的奧姆真理教女教徒，旋即被警方羈押。

那晚，當我獲悉這則外電新聞時，我想到的是作家村上春樹。一九九七年三月，在東京地鐵沙林事件發生屆滿兩年後，村上採訪受害者以報導文學體呈現的《地下鐵事件》問世，翌年，他再完成續集《約定的場所》。

但我要談的是村上春樹解讀〈東京地下的黑色魔幻〉這篇文章（《印刻文學》三月號封

面專輯／時報出版《村上春樹雜文集》），他寫一九九五年那年發生的兩件大事，阪神大地震與東京地鐵沙林事件。

村上像是以黃仁宇《萬曆十五年》的筆調般寫一九九五年，那是日本距離二次大戰敗戰剛好滿五十年的年度，泡沫經濟來襲，房市不振、股價重挫、日圓急升，加上汽車、半導體及家電產業都被逼到懸崖邊緣。

「就像體內危險的膿悄悄增殖下去，然後地獄的蓋子終於被打開了。」村上這麼寫道。村上描述日本政府當時對阪神大地震的危機處理能力，難以相信的拙劣，「時間在無為中過去。在那之間許多人在瓦礫下喪失性命。政治家的束手無策和官僚系統的僵硬是很大原因。」

十多年前，一個作家對阪神大地震的敘述，十多年後，同樣的文字記載，如此神似地在東日本大地震中重現。一如當時村上還寫道，權力中樞沒有一個人敢說「我下決斷，那決斷的責任由我負。」這番話無疑也適用於前首相菅直人和他領導的內閣。

村上認為，地震帶給日本國民兩個陰鬱的認識，一是活在不安定且暴力的地面上，另一是整個社會體制似乎有什麼錯誤的地方。

兩個月之後，狂熱的新興宗教團體「奧姆真理教」發動恐怖攻擊，五個變裝的教徒，在東京營團地下鐵的三線、五列車發放沙林毒氣，造成十三人死亡、六千三百多人受傷的慘劇，為日本自二戰後最嚴重的恐怖攻擊事件。

曾深入採訪過東京地鐵沙林事件的村上春樹，對於這場日本人從沒見過、沒經驗過的新災難，下了一個結論：顯示日本是「世界罕見安全而和平的國家」這共有觀念的崩潰。

日本人以無差別地殺害日本人為目的，對於這起震驚全國的殺人事件，村上寫道，「到底是什麼樣的精神會鼓舞人衝向那樣戰鬥性的憎恨？而且那樣的憎恨，是突然變異地產生的嗎？或是我們自己所製造的體制必然地生出來的東西嗎？」

當犯人陸續被捕後，人們從震驚變成困惑。因為五個執行任務的教徒，全都不是一般人熟悉單純的「宗教狂熱者」，而是受過高等教育的「社會菁英」。

林郁夫曾是評語很高的心臟外科專科醫師，廣瀨健一是早稻田大學理工學院第一名畢業，橫山真人在東海大學主修應用物理，豐田亨從東京大學應用物理系進入數一數二的研究室攻讀博士課程，林泰男則在工學院大學研究人工智能。

村上分析，這五個研修理工的菁英還有一個共通處，亦即他們皆是六〇年代後半的學生運動之後才進來的「遲到」世代。他們進大學時，大規模的政治、文化運動已經結束。「鐘擺改變方向，統治階層再度掌握權力，他們眼睛所見的是『宴會後』的慵懶安靜。」

讀村上這篇過去未曾發表過的文章，很有似曾相識的感覺。他寫「遲到」世代對現況的不滿，彷彿就是台灣後學運世代的寫照：「過去高舉的理想已經失去光輝，尖銳叫喊的口號已經失去力量，應該具有挑戰性的對抗文化也失去尖銳性。」

村上形容那種感覺散發著「好東西都被前一個世代吃光了」似的漠然失望感。

二〇〇五年三月二十日，距離東京地鐵沙林事件十周年，剛結束北海道之行的我，在東京新橋車站涵洞下和朋友大啖平價串燒，那是日本上班族最常去消費的庶民之地。其實，那也是村上筆下在地鐵車站內吸進沙林毒氣，莫名其妙、激烈痛苦死去的，但卻是在體制內辛勤努力工作的「普通人」，他們日常生活之所在。

菊地落網後，我再次展讀村上的「黑色魔幻」，越看越像曾身歷其中的年代。十七個年頭過去了，難道日本一直都沒變嗎？還是谷底始終未曾到來呢！

二〇一二年六月五日

AKB48經濟學

其實，我並不懂AKB48，但我對於這個不斷進化、演變的流行團體充滿好奇，尤其是對日本經濟頹勢起了拉抬作用的奇特現象，令人不禁想要一窺究竟。

AKB48是日本當紅的偶像組合，從二〇〇五年在秋葉原（AKB即從地名簡稱AKiba而來）的劇場誕生開始，歷經七年的賣力耕耘，這個宛如細胞分裂、持續擴大的人氣偶像團體，不僅橫掃東洋樂壇，更在亞洲流行音樂圈掀起旋風。

以最新的單曲CD《真夏的sounds good！》為例，發售首日就創下一百一十七萬張的單曲首日銷量紀錄，這已是AKB48連續七張單曲銷量突破一百萬張，在CD銷售呈現全球性下滑趨勢的今日，誠然是一大奇蹟。

更驚奇的還不止於此。《日經新聞》透過經濟學者的長期觀察統計，AKB48帶來的直接經濟效益為四百億日圓，間接經濟效益八百億日圓，衍生經濟效益三百億日圓，總計產生高達一千五百億日圓的巨額效益，有效提升低迷的日本經濟情勢。

有人甚至形容二〇一一年為「AKB48年」，這或許是溢美之詞，但一個偶像團體竟然成了提振日本經濟的救星，除了印證其如日中天的國民偶像地位之外，也凸顯背後既龐大又細膩的創意、管理與分工。

AKB48以標榜「可以和偶像見面」的理念起家，每天在秋葉原的專用劇場公演，初始，只是不斷重複唱著製作人秋元康填寫的歌詞，單純如鄰家女孩或教室女生學習舞蹈、歌唱，而粉絲則藉由近身支持的親切感，參與偶像的成長過程。

這是日本藝能界才子所創造的奇蹟，五十六歲的秋元康，本身是京都造形藝術大學副校長兼藝術學院教授，卻又集編劇、導演、小說家、作詞家、漫畫家及電視、電影製作人於一身。

秋元康出道甚早，十七歲就成了放送作家，後來乾脆從中央大學文學部退學，以多重身分活躍於藝能界。特別是作詞之盛堪稱是無人出其右，由他作詞的歌曲已多達四千五百萬張銷售量，演歌女王美空雲雀生前最後的代表作《川流不息》，宛如一代歌后人生寫照的歌詞，即是出自秋元康之手。

身為AKB48幕後推手，秋元康創造一種迥異於傳統甚至是沒有人嘗試過的營運模式。其一，他改變偶像組合人數，訴求人多勢眾與分隊競爭；其二，他改變偶像產製流程，讓粉絲同步目擊成長經過；其三，他改變偶像行銷手法，捨棄大眾傳播而選擇現場表演的路徑。

這是秋元康獨具慧眼之處。當初AKB48劇場處女秀只來了七個觀眾，並沒有讓堅持每天演出的念頭打退堂鼓；不願砸錢在媒體造勢宣傳，換來初期兩年平均CD銷售量僅二萬張的苦果，照樣吞下去。

但戲棚下站久了，有朝一日就會開花結果。秋元康抱持兩個實踐理論，一是「內容要有刺」，內容要能像釘子一樣釘進去，簡單說就是深刻地刺入消費者的心坎裡。另一是「日積月累而來的不會立即消失」，他深信表演藝術團體用心演出的內容，若能贏得粉絲的喜愛，將匯聚成巨大的觀眾力量。

AKB48的成功在於堅持走自己的路，粉絲們彷彿是共同參與一齣鄰家女孩蛻變為少女偶像的全紀錄，但卻沒有經過任何剪接。若以管理的角度分析，這是日本高校野球甲子園精神的延續，AKB48正是一支為了帶給顧客「感動」而存在的棒球隊。

秋元康將這個「感動」模式帶往名古屋（SKE48）、大阪（NMB48）、福岡（HKT48）等地複製，接著再吹向海外，印尼雅加達（JKT48）已率先成軍，今年下半年預定在台北（TPE48）、上海（SNH48）相繼成立姊妹團。

一年多前，在上武大學商業情報學部任教的經濟學者田中秀臣曾撰寫《AKB48的經濟學》一書，探究AKB48與小貓俱樂部、早安少女組合兩大偶像組合之間的經營差異，以及如何在通貨緊縮的經濟形勢下，掌握消費者心理，創造出一枝獨秀的局面。

田中認為，偶像原本就是隨著經濟不景氣應運而生，比如「第一次石油危機後的山口百惠、第二次石油危機後的松田聖子、經濟泡沫時的早安少女組合。」

AKB48已再度改寫「偶像經濟學」，她們的故事引起媒體高度興趣。秋元康接受《華爾街日報》專訪時，談到將「未完成」的偶像公諸於世時，有一個極為貼切的比喻，展露這位藝能鬼才靈活多變的思惟。

他說，通常不被外人所看到的，恰巧是吸引人想要去關注的地方。而最不擅長做這種事的就是政治吧！因為政治從不會讓人看到結論形成的過程，以及獲致此結論的關鍵在哪。

從偶像文化直視黑幕重重的政治習性，一個多麼犀利又令人莞爾的觀察啊！

二〇一二年六月十九日

野田的生死鬥

野田終於向小澤宣戰了。

六月卅日，在東京都帝國大飯店的演講會上，首相野田佳彥一改低調忍讓的態度，明確地拒絕前民主黨代表小澤一郎撤回消費稅增稅法案的要求，他甚至劍及履及地在七月二日針對眾議院表決中的造反派提出處分案。

野田曾強調，即使小澤要退黨，也不能認同他分割民主黨的主張。在野田看來，以消費稅增稅為主要內容的社會保障和稅制改革相關法案，既已和自民黨、公明黨合議修正通過，絕無再翻案之理。

對於好不容易闖過眾議院這一關的增稅案，野田是吃了秤陀鐵了心，他堅稱，不能擅自改變政黨之間的協議。為力保眾議院的票決結果，野田回絕了在參議院就增稅案進行修正的訴求。

所謂泥人也有三分氣，野田自比為生命力強韌的泥鰍，因而博得「泥鰍首相」之譽，但泥鰍再怎麼忍辱，也會想要轉動身軀、竄出沼泥。眼前的小澤精明狡獪如狐，他率眾步步進逼的態勢，不僅迫使野田必須迎戰，更讓民主黨分裂幾成定局。

更重要的是，小澤根本是日本政壇的百足蜈蚣，他宛如死而不僵，一再從快要被埋入政治墳場的垂死邊緣中復活，不論是過去的首相菅直人或是現在當家的野田，都對這個從田中角榮[1]時代縱橫至今的「闇將軍」有些忌憚。

因此，當眾議院在爭議聲中通過消費稅增稅法案時，野田應該明白自家人兵戎相見的時候也已到來。

眾議院是在六月廿六日表決通過消費稅增稅法案，儘管民主黨跑票，但朝野跨黨派攜手合作的結果，仍以三百六十三票贊成、九十六票反對過關。這項法案若再經參議院審議成立後，日本消費稅率將於二〇一四年四月、二〇一五年十月分別提高至八％、十％。

1. 田中角榮（一九一八—一九九三），一九七二年出任日本內閣總理大臣，任內與中國建交。下台後仍保有政治勢力，人稱自民黨的闇將軍。

不過，早已表態反對的小澤領軍造反，以他為首投下反對票的民主黨議員多達五十七人，展現不可小覷的杯葛力量，就連前首相鳩山由紀夫也赫然在列。

當時的小澤，雖然表面上說要暫不退黨，實際上卻是想看野田如何出招。但小澤也不是膨風水蛙，他一出手就亮出五十人的申請退黨名單，這批力挺小澤的忠貞部隊，參、眾議員各為十二席、三十八席，皆已逼近民主黨所能忍受黨籍議員出走的臨界點。

換句話說，小澤派揪團另立山頭，執政的民主黨將處於脆弱過半之境，不要說令不出首相公邸，也隨時都有可能再因陣前倒戈而面臨倒閣、垮台之虞。

在野的自民黨就是看準這一點，即使和民主黨合作通過增稅案，卻也不忘對野田內閣見縫插針。自民黨總裁谷垣禎一擺出一副亟欲過河拆橋的嘴臉，他表示，如果野田首相無法處理民主黨內訌，自民黨就很有可能取消民主、自民及公明三黨的協議。

谷垣毫不客氣地說，要是民主黨失去實現協議的執政能力，那麼在野黨大概也很難共同執行了，「我們將會觀察他是否認真應對，以恢復彼此的信賴感」。谷垣還嘲諷野田說，與其失信於民，不如儘早解散眾議院舉行大選[2]。

這番話講白了，就是自民黨等著看野田如何收拾民主黨內部殘局。

內有虎視眈眈的同志，外有心懷鬼胎的政敵，宣稱「賭上政治生命」的野田，處境可謂內外交迫。

雖然小澤不斷痛批增稅是背叛國民的行徑，但民調顯示，對小澤另組新黨「不抱期待」的人高達八成；同樣地，支持儘早解散眾院的聲音，也和支持參眾兩院在明年夏天同日選舉的意見，不相上下。

野田欲在夾縫中突圍，勢必會有相當難度，然而，與遠在關西整軍建武的大阪市長橋下徹相比，小澤、谷垣都還算是看得見的對手，但橋下徹卻不相同，他不按牌理出牌，實力日漸壯大，已非偏居一隅的地方諸侯。

仿效「船中八策」制定競選綱領的橋下徹，最近在自己的募款餐會上表露揮師東征的企圖心，他說，「這是改變國家的最後機會，只要能得到大家支持，我就有信心帶領日本走向新的道路。」

橋下徹不是泛泛之輩，他深諳群眾心理，曾直言若不知自己的「賞味期限」到何時，就不配成為政治家。以他馬首是瞻的「大阪維新會」，計畫從招募的八百多位「維新政治塾」塾員中推出候選人，只待解散國會的號角響起，即可起兵。

對野田而言，來自關西之虎的威脅或許更勝小澤、谷垣兩位政治老手。因為不管是倡議首相直選制、廢除地方補助金或者削減國會議員人數及年薪，無一不是翻天覆地之舉，這

---

2. 日本首相野田佳彥已於二〇一二年十一月十六日解散眾議院。

些主張若躍上檯面論戰，肯定令野田難以招架。

小澤、谷垣、橋下徹，「泥鰍首相」的生死門已經打開了嗎？

二〇一二年七月三日

一隻熊貓寶寶之死

東京的上野動物園，最近先是迎來一則令人振奮的喜訊，旋即又陷入愁雲慘霧的氛圍。故事的主角是一隻熊貓寶寶，不少日本人因為牠的到來而欣喜萬分，但也因為牠的離去而悲傷莫名。

上野動物園有兩隻大熊貓，公的叫「力力」、母的叫「真真」（原生地中國則稱為「比力」與「仙女」），牠們是在去年二月從四川運抵東京，那是北京為紀念中日關係正常化四十周年送來的大禮。

力力和真真於今年三月開始同居，歷經兩次交配，在七月五日產下一隻雄性熊貓寶寶。這是上野動物園自一九八八年六月之後，再度有熊貓幼仔的誕生，而且還是首次經由自然交配生產。

對於相隔二十四年才出現的熊貓寶寶，日本呈現一種舉國關注的社會氣氛，彷彿這項喜訊代表著重生與幸福，那不僅是迎接一個新生命的降臨，也隱然標誌著日中友誼的象徵意義。

然而，天有不測風雲。出生未滿一周的熊貓寶寶，卻在七月十一日清晨發生意外，幼仔疑似在吸吮母乳時吸入肺部，以致引發肺炎，待工作人員發現為時已晚，只見寶寶躺在母親真真的肚子上，雖經搶救仍回天乏術。

事後，東京都政府對外發布熊貓寶寶夭折的死訊，引發外界的震撼、關切。許多遊客紛紛前往動物園追思哀悼，有上班族、也有家庭主婦，當中不乏媽媽帶著孩子，上野動物園為此還設置登記簽名簿。

上野動物園的園長土居利光說明熊貓寶寶早夭的悲劇，幾乎難過到無法言語，甚至必須由副園長福田豐代替回答記者的提問，整個動物園內瀰漫悲傷之情，有如世界末日。

刻正因民主黨分裂而焦頭爛額的首相野田佳彥，也不能迴避「熊貓寶寶死了」的話題。有媒體詢問他對此事的看法，野田表達「非常遺憾」的態度，坦言「原本期待熊貓寶寶健康長大」。

就連身為內閣發言人的官房長官藤村修也得在記者會上順應民意，表明對此噩耗感到震驚與惋惜。

熊貓寶寶進食，相當逗趣可愛。

很難想像，如果相同的事情發生在其他地方，比如說台灣，是否會有像日本一樣的反應。但，一隻熊貓寶寶的死，何以牽動社會的集體情感，毋寧是值得玩味的。

中國的「熊貓外交」由來已久，日本史料記載，早在西元六八五年，武則天稱帝登基那一年，就曾送兩隻熊貓給日本天皇。當時的中國是以天朝垂範之姿，對東瀛鄰邦進行賞賜。

西方是直到一八六九年，透過法國傳教士運送一隻熊貓標本到法國自然歷史博物館，方纔看見這隻中國國寶的神祕身影，進而在歐洲掀起一股熊貓熱。一九三五年年底，熊貓終於到了美國紐約，三年後，飛抵倫敦動物園，據說當時日不落帝國一口氣買了三隻熊貓，分別命名為「唐」、「宋」、「明」。

二戰期間，熊貓正式躍居國際外交舞台。一九四一年，宋美齡代表中華民國政府，向美國支持的民間機構「救濟中國難民聯合委員會」致贈一對大熊貓，以感謝該機構的援助。根據這段史實，顯然國民黨政府是「熊貓外交」的始祖，此後，大熊貓成為國禮，而且隨著新中國的成立，更得出使蘇聯、北韓等共黨國家拚外交。

最有名的熊貓明星，當推一九七二年肩負中美關係破冰任務的「玲玲」和「興興」。也是在那一年，北京將另一對大熊貓「蘭蘭」和「康康」空運到東京，落腳在上野動物園。

據說，當年護送熊貓的座機一進入日本領空，立刻就有一個戰鬥機編隊護航。

一如歐美對熊貓的情有獨鍾，日本人對於熊貓的喜愛也不在話下。以前使美的玲玲和興興相繼過世時，美國媒體大幅報導人們的悲慟之餘，還以「熊貓外交使節去世」為題，形容此事，顯示大熊貓在美國人心目中的分量。

現在奉派赴日的力力、真真，延續蘭蘭、康康等前輩的足跡，賣力在中日關係正常化四十周年的今天「做幼仔」，好不容易交出成績，詎料竟提前夭折，搞得舉國同悲。

熊貓寶寶的驟逝，令日本民眾悲傷，對比中日雙方為了釣魚台問題劍拔弩張，連務實派的「中國通」、駐華大使丹羽宇一郎都被召回，似乎在那一刻，也說明了兩國急轉直下的關係。

二〇一二年七月十七日

天才打者征服紐約

鈴木一朗加入紐約洋基隊的新聞傳來時，我正在前往四川王朗自然保護區的途中。連日的豪雨，讓山區道路柔腸寸斷，遠在千里之遙的北京，甚至出現六十一年來首見的嚴重災情。

王朗自然保護區是熊貓棲息地，海拔超過三千公尺，車行在泥濘不堪的路面，搖搖晃晃，顛簸不已。一早從飯店網路得悉一朗改穿條紋球衣的消息後，我不知怎麼地將這位「打擊之神」和電影《功夫熊貓》做了聯想，他，真是棒球世界裡少有的保育動物哪！

征戰大聯盟十一個半球季之後，鈴木一朗決定從西岸飛往東岸，如同另一個強打好手松井秀喜自大蘋果奔向洛杉磯，兩位日職球星像流星劃過天際般，都不約而同地震撼了我。

「酷斯拉」落腳天使隊那一年，洋基隊贏得世界大賽，而他還是當年洋基奪冠的主要功臣，但縱使頂著世界大賽MVP的頭銜，豪門球團最終還是吝於續約，讓松井踏上宛若幕末浪人的漂流之路，從安納罕、奧克蘭來到坦帕灣。

在天府之國採訪卻心繫地球另一端的紅線白球，那是一種很難言喻的複雜感。畢竟，鈴木一朗投奔「邪惡帝國」的新聞實在太爆炸了，遠勝二〇〇九年松井加盟天使隊。

然而，就像任何一位職棒球員的渴望，一朗終究也企盼著一枚冠軍戒指，尤其是相隔十年之久的季後賽。他決心揮別西雅圖，踏上很可能連自己都未曾預料到的紐約行。

其實，鈴木一朗的偉大成就，已無須贅言，他將來必然是名人堂的成員，但作為水手隊的看板球星，主動要求球隊交易的一番話，卻予人有著英雄遲暮的淡淡感傷。

一朗說，水手隊已進入重建期，「我離開的時候已經到了。」或許是明瞭後浪推前浪的趨勢，一朗並不想擋住年輕球員的出路，在合約的最後一年向球團提出要求，將他交易出去。

不過，與二〇〇七年成為自由球員前夕的形勢相比，加盟洋基隊毋寧是得償夙願。當時，正值巔峰的一朗，連續七年入選全明星隊且打破大聯盟單季安打紀錄，他曾經對轉戰東岸有著高度興趣，而洋基是出得起價錢的球隊。

一朗最後沒有選擇洋基隊的關鍵在於他老婆弓子，這位主播出身的東瀛美女，在西雅圖經營事業有成，當一朗舉棋不定時，幹練的弓子一句「你想留下來不是嗎？」讓他吃下定

鈴木一郎和松井秀喜這兩大棒球明星，連啤酒廣告也在較勁。

心丸，簽下一紙五年一億美元的超級大合約。

五年時間轉瞬將屆，三十八歲的鈴木一朗再度面臨抉擇。二〇一一年球季結束，他以二成七二打擊率、一八四支安打的成績，中斷了赴美以來保持三成打擊率及連續十年單季二〇〇支安打的雙重紀錄。

鈴木一朗顯然是意識到夕陽已近了。

二〇〇一年年底，二十八歲的鈴木一朗在接受運動作家小松成美的訪問中曾有這樣的對話：

一朗說，「在大聯盟活躍的運動員當中，很多都已年過三十五。很多都是第一流的投手，像克萊門斯、倫迪強森、馬道斯。」

小松問，「和這些球員比賽，你有沒有想過十年後的自己會是怎麼樣？」

一朗答，「還沒有耶！我覺得沒有實際達到這個年齡不知道。自己三十八歲的時候，身體狀況不知道會變成什麼樣呢？這倒是個有趣的問題。」

當年的鈴木一朗，一舉摘下美聯新人王與年度MVP，風光無比，儘管他的確不能預知十年後的自己，但在訪談裡卻以「火箭人」克萊門斯等前輩為例，表露有為者亦若是的態度。

事實證明，此後十年的一朗旋風所向披靡，單季二六二支安打的紀錄，已被視為後人很難超越的「一朗障礙」，而兩度在棒球經典賽中發光發熱的精彩演出，也為他奠定了在日本人心中的「國民英雄」地位。

如今，鈴木一朗從西雅圖飛向紐約。曾在日職千葉羅德隊執掌過兵符的紅襪隊教頭瓦倫泰，讚譽一朗是全世界最佳的前五大球員，而《紐約時報》的評論也直言，這位天才打者的下一步就是「征服紐約」。

在群山環繞的林木群中，我咀嚼鈴木一朗的棒球人生，他曾說過：「可以打我最喜愛的棒球，再也沒有比這個更幸福的事了。」這句話一直深深地感動著我，讓我一路追蹤他的大聯盟腳步，而且有一種村上春樹說的「小確幸」。

二〇一二年七月三十一日

野島的兩岸故宮路

第八次江陳會落幕時，我的朋友野島剛，正為了他的新書《兩個故宮的離合》來台宣傳。就在報館附近的海產店，老友重逢敘舊，除了「有朋自遠方來」的喜悅之外，聊起此行所遇到的現象，也有一種令人莞爾的感覺。

野島從政治權力的角度爬梳台北故宮與北京故宮分合的複雜過程，將兩岸故宮被整個大時代翻弄的命運，寫得精采無比，不僅讀來趣味盎然，亦讓人對背後隱含的兩岸縮影心領神會。

但台灣媒體甚至政界未必作如是觀。有記者專訪野島，不斷追問他對民進黨執政推動「故宮南院」的看法，巴不得從他口中獲得批判性的回答；也有媒體在評估報導價值時，以此書出版者的政治立場較為親中為由婉拒。

一位國民黨友人則告訴曾經派駐台灣的野島說，該書似乎偏向民進黨；這個說法讓野島哭笑不得，儘管民進黨友人聽到會很高興，但這又無法說明為何標榜本土色彩的媒體會對這本書充滿疑惑。

野島剛是朝日新聞國際部副部長，兼任朝日媒體集團旗下的中文電子雜誌《新鮮日本》主編一職。二〇〇四年，我和他相識於東京，當時野島已結束新加坡特派員的任期，奉調回東京本社，在政治部主跑外務省。

發行量超過八百萬份的《朝日新聞》，員額編制非常大，單單採訪外務省就至少有五人，依北美、歐洲、中東等區域及語言專長區分。在香港、台灣學過中文的野島，與剛受邀在《朝日新聞》研修的我一見如故，相談甚歡。

人生何處不相逢。多年後，野島調任台北特派員，我們又再度聚首，而且很特別的是，他經歷了台灣第二次的政黨輪替。對一心描繪故宮歷史變遷之圖的野島而言，這無疑是千載難逢的機遇。

野島與故宮的結緣甚早，二十多年前，他還是上智大學新聞系學生，因為來台參加國際青年交流活動，得以在歡迎會上拜見副總統李登輝，並且參訪台北故宮，為他日後記錄兩岸故宮變遷的一頁滄桑史埋下伏筆。

故宮是收藏中華文明藝術品、圖書文獻的博物館，探討兩個故宮的存在與發展，既是在追溯東亞近代史的軌跡脈絡，也是在梳理兩岸分治下千絲萬縷的歷史糾纏。二〇〇七年重返台灣的野島，悄悄地展開他的故宮之路，而翌年五月兩岸關係的解凍，正好為他的尋覓鋪陳一條坦途。

野島是個日本人，而且還是一個訓練有素的新聞記者。我讀他的書，不只落入歷史時空的思索與感懷，也試著咀嚼他從台北、香港、上海、南京、重慶、北京、瀋陽、京都、東京乃至美國史丹福大學一路追尋的心情。

他在書中如此寫道，「兩個故宮，與其說是外型相似的雙胞胎，還不如說是一張分裂的地圖。」當然，為了躲避戰亂，故宮文物的南遷，野島也不諱言這是與中華孱弱、日本入侵所帶來的厄運災禍有關。

「兩個故宮的誕生，體現了中國世界的分裂與膠著」，野島的書對兩岸故宮的一甲子做了深度觀察，也將兩岸歷史轉折做了具體而微的忠實描述。那樣如職人精神般的追蹤寫作，讓人掩卷讚嘆。

無可否認地，拜馬英九推動兩岸關係融冰之賜，野島才能在北京故宮與台北故宮的首度交流中躬逢其盛。但就像他在結論提及，中華政治十分重視文化，而文化幾乎等於政治，「文化是用來證明權力的道具，也是權力與社會、權力與歷史的指標。」

野島說，人們沒有過去，就不可能有現在。而繼承過去的就是文物，文物的所有人就擁有歷史。手上握有歷史，權力就有「正統」的權威加持。

那一天，和野島暢談時，其實心裡有著些許的感慨。如同他自己所言，寫此書完全沒有任何的政治立場，而是站在一個第三者的角度觀察，如果真要說有立場，那就是「為了台灣好」。

但台灣媒體與政黨看他的書，卻像這個社會對待任何一個敏感議題或事件，各自找角度詮釋，藍的解讀對方立場偏綠，本土憂心作者態度親中，彷彿順了姑情逆嫂意，兩面不討好。

我跟野島苦笑地說，這就是民主的台灣啊！

二〇一二年八月十四日

二〇三〇年的想像

「民主黨分裂後，眾議院改選已勢在必行，你認為，最可能的改選時間是何時？」坐在復興南路巷內的咖啡店，我問來訪的東京大學友人。「我想，應該就在十一月吧！」松田康博氣定神閒地說出他的預測。

這是我們都非常熟悉的互動模式，他向我詢問有關台灣的要聞時事，我也會拿日本政經情勢就教於他。那天是八月二日，幾天之後，首相野田佳彥在與自民黨黨魁谷垣禎一的會談時透露，有意在十一月上旬舉行眾議院選舉。

那並非松田鐵口直斷，事實上，隨著小澤一郎的退黨，民主黨政權已危如卵石，消費稅增稅問題帶來的衝擊，讓眾議院改選提前浮上檯面。但民主黨不行，在野的自民黨也沒好到哪裡去，即使是橋下徹的「大阪維新會」，亦尚未成氣候。

屆時「三黨不過半」，將是很有可能出現的局面。我和松田下了這樣的結論。

「倘若如此，那可真的是和台灣難兄難弟，但沒有其他方法嗎？」我在提問的同時，也試著做了回答，「既然都無法過半，有沒有可能，民主黨與自民黨共同組成執政聯盟？畢竟，在消費稅增稅的問題上，民主黨是實踐了自民黨的政策。」

我們只是很簡單地就當前時局交換意見，松田其實還問了更多關於媒體自由的問題，甚至包括旺中案。松田這回是應邀參與一項與台灣未來有關的研究計畫，他在電話裡提及，是否可以找到一些對二〇三〇年台灣的想像，或是預測十五年、二十年後的台灣發展，不管是論文、報告、書籍都好。

我想起《台灣限時批》這本書，那裡有一百位新世代對台灣未來的夢想圖像，對松田而言，他或許可以從書中找到答案。

然而，松田好奇二〇三〇年的台灣會是什麼樣子，這又何嘗不是我關注的問題；就像我對二〇三〇年的日本充滿期待一樣，如果野田政府能兌現承諾的話。

八月六日，首相野田出席在廣島舉辦的原爆紀念活動，他首次表示政府將考慮「零核電」，當天他還在首相官邸召見閣員，指示著手研究在二〇三〇年實現廢核的可能途徑。

翌日，經濟產業大臣枝野幸男在回答媒體詢問時強調，他不認為零核會對日本經濟造成負面影響，相反地，還可以創造成長，因為致力於發展再生能源和增進能源效能，將有助提振內需。

在日本，反核已成為社會的主流民意。但，若不是三一一福島核災，不要說民主黨政權的轉向，整個日本是否會改變，也許還是個未知數。二〇一〇年五月，當時的首相菅直人還宣布，計畫在二〇三〇年前增建十四座核電站，將核電提高至發電總量的一半以上。

現在，菅直人已成為反核大將，那位在福島核電廠事故中坐鎮指揮的官房長官，如今也入主經產省，並且對於記者提問關閉核反應爐的影響，斬釘截鐵地給予「我們做得到」的有力回應。

但民主黨並不是福島核災後就下定決心廢核，今年六月底重啟大飯核電站，野田佳彥才真正感受到民意的壓力。從今年四月開始，每逢星期五晚間，反核團體即聚集在霞關、永田町周邊，然後像滾雪球般越滾越大，七月下旬之後，一舉突破十萬人，「星期五革命」於焉展開。

一場又一場的反核抗議遊行，像極了以前跑街頭運動時常開的玩笑，在一個穩定成熟的民主社會裡，人人都可以是「周末革命家」。對絕大多數的日本人來說，國會議事堂前出現如此盛大的群眾示威，已是四十多年前的事了，那是一個屬於「安保鬥爭」的時代記憶。

遊行依舊持續進行中，七月底的「國會大包圍」行動，聲勢驚人。一位長期觀察群眾示威的《朝日新聞》記者形容，首相官邸周圍的抗議活動，已經發展出全新的樣貌，不僅緩慢相連、冷靜行動，而且秩序井然、執著堅持。

那天與松田對話，他關心二〇三〇年的台灣，而我心裡想的卻是二〇三〇年的日本。但我沒有問松田，怎麼看二〇三〇年之後的日本，因為日本人已經用行動說明了一切。

與好友相約見面時，碰巧蘇拉颱風已登陸了，我端起咖啡笑著跟他說，「果真是風雨故人來」，是啊！我多想也能預知二〇三〇年後的台灣。

二〇一二年八月二十八日

平成年間三國志

隨著朝野黨首攻防戰的相繼登場，九月的日本政局即將進入一場激烈的秋鬥，進而為緊接其後的眾議院大選揭開序幕。在內有反核示威、外有島嶼爭議的社會氛圍下，日本顯然又再次面臨關鍵的抉擇。

執政的民主黨預定二十一日舉行黨代表選舉，首相野田佳彥已在日前正式宣布競選連任，由於深受年輕一輩國會議員期待的環境大臣細野豪志，在衡酌核電事故處理為當務之急的工作後，決定放棄出馬，使得野田連任的希望驟增。

四十一歲的細野是黨內新生代，力挺野田的民主黨要角前原誠司是他在京都大學法學院的前輩，但在派系屬性上，細野卻被劃歸為小澤一郎的人馬，兩年前的黨魁之爭，即表態支持小澤。

然而，當小澤率眾集體退黨時，細野卻未跟著出走，他曾先後在前原、小澤兩位前民主黨代表辦公室掌舵，也在菅直人執政時任首相特別助理。這些周旋在黨內山頭的豐富經歷，讓細野豪志成為頭角崢嶸的少壯派領袖，人氣更勝野田。

細野最終放棄參選，其實是經過精明算計後的決定。因為儘管少壯派呼籲細野取代野田，帶領全黨迎戰眾院大選，惟黨內有識者咸認，此次眾院如提前改選，民主黨並無勝算，屆時若以敗選收場，黨首勢必被迫辭去黨代表，而這對細野來說，將是仕途的重挫。與其在此時爭出頭，還不如保留實力。細野豪志以專注處理三一一大地震後的核災事故為由，表明續任閣員的立場，一句「我放不下福島」的話，講得冠冕堂皇，世人卻仿如看見他雙手抱胸、靜觀其變的盤算。

相對於民主黨政權面臨朝不保夕的危機意識，在野三年的自民黨則是呈現群雄並起的局面。九月八日，黨代表谷垣禎一和幹事長石原伸晃歷經第四次會談，依舊未能取得共識，雙方都堅持競選到底，而掌權者遭逢副手的挑戰，谷垣處境之尷尬，不難想像。

事實上，谷垣最大的敵人是自民黨派閥大老，而非敵對的民主黨。與他系出同門（宮澤派）的古賀派會長古賀誠[1]，對谷垣爭取連任黨魁的舉動，即毫不掩飾心中不屑，甚至在眾議員會館裡當面給谷垣難堪。

七十二歲的古賀力勸六十七歲的谷垣「一起栽培年輕人」，還要谷垣盡早對棄選作出決定。據說，谷垣聽了很不高興，還嘟囔「不該由派系來主導」。

古賀屬意的年輕人就是五十五歲的石原伸晃，這位畢業於慶應大學且擔任過電視台政治部記者的自民黨中生代，有個顯赫的家世，他的父親是東京都知事石原慎太郎，叔父是已故的演藝界巨星石原裕次郎。眾議員七連任的石原，因此深獲前首相森喜朗、前參議院領袖青木幹雄等大老青睞。

不過，自民黨不是只有大當家與二當家之爭，包括前首相安倍晉三、前外相町村信孝及前防衛大臣石破茂等人都虎視眈眈。對於安倍是否重作馮婦，我的日本友人曾打包票說「不可能」，因為安倍下台頗為狼狽，已錯過最好的時機。但世事難料，誰知道安倍不會起死回生呢？

至於身處在兩大黨之間的第三勢力，究竟有無生存空間？以大阪市長橋下徹為首的「日本維新會」，將是檢驗指標。這個從「大阪維新會」擴大轉型而成的新黨，正在各地呼群保義，希望地方政黨能集結在「維新」的旗幟下，全面動員進軍下屆眾院大選。

四十三歲的橋下徹在新黨成軍之日誓言，為了推進大阪改革，必須從根本上改變國家，而這個改變，正是要從籌組一個能夠參與國政的政黨著手。他還認為，基於實踐「大阪

1. 古賀誠（一九四〇—），自民黨政治人物，十次當選眾議員，曾任運輸省大臣。

都」所需，得向國家的統治機構開刀，讓它變成符合這項改革該有的型態。

這是橋下「從地方包圍中央」的戰略，在「平成維新」的號召下，前宮崎縣知事東國原英夫、前橫濱市長中田宏、前東京都杉並區長山田宏都應允披上新黨戰袍出征。

其中，領軍掛頭牌的東國原擁有全國性知名度，而中田、山田兩人也都曾擔任過眾議員，他們三人將是新黨競選訴求「地方分權」的看板人物。

日本人向來喜歡「三國志」，對照當前政治情勢，民主、自民兩大黨形成犄角爭鬥，一旁的維新會也趁勢而起，這個國力日漸式微的扶桑之島，能否在平成二十四年出現三分天下，且待下回分曉。

二〇一二年九月十一日

老鄧的釣魚台智慧

如果鄧小平在世，他會怎麼處理眼前的中日關係呢？中國決定取消在北京人民大會堂舉行的中日邦交正常化四十周年紀念儀式時，我心中想起這樣的疑問。

對於中方首次取消十年一次的大型紀念活動，日本媒體以「冷到極點，形勢非常嚴峻」為兩國關係作註腳。中國之所以做此決定，當然是為了抗議日本將釣魚台國有化。

然而，如果回首鄧小平當年的外交政策，甚至是對日關係的戰略思維，或許可為今日看待釣魚台問題提供另一個省思的面向。

一九七八年十月下旬，鄧小平訪問日本，他是二次戰後首位訪日的中華人民共和國領導人，比中共十一屆三中全會還要早近兩個月。那年八月，中日雙方簽訂《中日和平友好條約》，鄧小平訪日，一方面是為了出席互換條約批准書儀式，二方面也是著眼於中國現代化戰略的推動而來。

在那次改革開放前夕的取經之旅中，鄧小平展現他務實而靈活的外交手腕，讓國際媒體留下深刻印象。一場在東京「日本記者俱樂部」舉辦的記者會，更是令四百多位記者見識了老鄧的坦率與開放。

鄧小平在會中暢談中國走向現代化的夢想與藍圖，他說，現代化的實現得要有正確的政策，而正確的政策必須善於學習，但首先要承認落後，「老老實實承認落後就有希望」，再來就是學習。他直言此行就是向日本請教，並且自嘲「長得很醜卻要打扮得像美人，那是不行的。」藉以隱喻中國現況，引來記者們哄堂大笑。

談笑風生的鄧小平，以幽默感為中國的重新崛起鋪路，他力邀日本人擔任中國經濟現代化的改革顧問，成立「中日經濟知識交流會」，積極吸取日本的發展經驗。對這位中國改革開放的總設計師而言，維持一個「既敏感又友好」的中日關係，才是符合當前所需的外交路線。

當年鄧小平不是沒遇到釣魚台的主權爭議，根據「人民網」報導，在一九七八年那場訪日記者會上，他是如此回答日本媒體就釣魚台歸屬提出的問題。

鄧小平說：「尖閣列島，我們叫釣魚島，這個名字我們叫法不同，雙方有著不同的看法，實現中日邦交正常化時，我們雙方約定不涉及此問題。這次談《中日和平友好條約》

的時候，雙方也約定不涉及。倒是有些人想在這個問題上挑一些刺，來阻礙中日關係的發展。」

鄧又說：「我們認為兩國政府把這個問題避開是比較明智的，這樣的問題放一下不要緊，等十年也沒有關係。我們這一代缺少智慧，談這個問題達不成一致意見，下一代比我們聰明，一定會找到彼此都能接受的方法。」

擱置爭端「交由後代子孫來處理」，這是鄧小平當年處理釣魚台爭議的智慧，也是今日民主黨政府所欠缺的智慧。儘管日方一再辯稱將釣魚台國有化是為因應東京都的購島之舉，但從解決內部問題，甚至是被右翼進逼的角度去碰觸外交上的火藥庫，本身就是一項極為愚蠢的舉動。

從日方片面國有化點燃釣魚台風暴迄今，首相野田佳彥已陷入進退兩難的困境。雖然雙方為此在軍事上大動干戈的機率甚低，但現代國家發動經貿戰爭卻是常態，何況中日兩國的國力今非昔比，而且對中貿易依賴甚深的日本經濟，受創程度更勝中國對日本的依賴。

野田政權或許萬萬沒有想到，為反制東京都知事石原慎太郎的購島行動，而倉促展開的國有化突襲，竟讓自己如鯁在喉。釣魚台像一根魚刺插在喉嚨裡，令連任黨魁後的野田佳彥難以吞嚥，只能不斷重彈「堅決維護領土、領海主權」的老調。

坐在東京首相官邸的野田，其實就跟身處釣魚台島上沒什麼兩樣，台灣、大陸兩岸的船隻相繼馳往釣魚台附近海域，搖撼日方的實際控制，讓他苦於應對自己挑起的主權戰火，而那環繞著釣魚台的船隊艦群，正像是此刻包圍著永田町的政治漩渦，讓野田左支右絀，不知如何是好。

有人說，釣魚台問題若要直探到底，將牽扯美日同盟。不過，中國看待美、日關係向來裡外有別，前者事涉愛國主義，後者則關乎意識形態，對曾經侵華的日本，絕對是寸步不讓的。

況且這一回，踩到紅線的是野田，而「泥鰍首相」能否從釣魚台海浪中脫險，得看他個人的智慧與造化了。

二〇一二年九月二十五日

Canon 28

啊！日本
平成年間的巨變與羈絆

作　　者　張瑞昌
內頁攝影　周敏煌
總 編 輯　初安民
責任編輯　陳健瑜
美術編輯　林麗華
校　　對　謝惠鈴　陳健瑜

發 行 人　張書銘
出　　版　INK印刻文學生活雜誌出版有限公司
新北市中和區中正路800號13樓之3
電話：02-22281626
傳眞：02-22281598
e-mail：ink.book@msa.hinet.net

網　　址　舒讀網http：//www.sudu.cc
法律顧問　漢廷法律事務所師
劉大正律師
總 代 理　成陽出版股份有限公司
電話：03-2717085（代表號）
傳眞：03-3556521
郵政劃撥　19000691　成陽出版股份有限公司
印　　刷　海王印刷事業股份有限公司

港澳總經銷　泛華發行代理有限公司
地　　址　香港筲箕灣東旺道3號星島新聞集團大廈3樓
電　　話　(852) 2798 2220
傳　　眞　(852) 2796 5471
網　　址　www.gccd.com.hk

出版日期　2012年12月　初版
ISBN　978-986-5933-51-7

定　價　270元

國家圖書館出版品預行編目資料

啊！日本—平成年間的巨變與羈絆／張瑞昌著；
--初版，--新北市：INK印刻文學，
2012.12　面；　公分（Canon；28）
ISBN　978-986-5933-51-7（平裝）
1.區域研究 2.文集 3.日本
731.07　　101022570